Strategic Writing Practice with the TOEIC® L&R Test Topics

TOEIC®頻出トピックで学ぶライティング

URABE Takashi

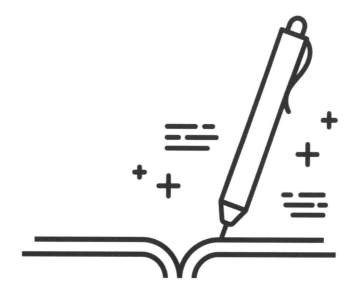

TSURUMI SHOTEN

JN034083

**Strategic Writing Practice
with the TOEIC® L&R Test Topics**

英文校閲：James M. Vardaman

写真提供
p. 1 © maroke / PIXTA（ピクスタ）
p. 7 © Maxbelchenko / PIXTA（ピクスタ）
p. 13 © Yotsuba / PIXTA（ピクスタ）
p. 20 © まちゃー / PIXTA（ピクスタ）
p. 30 © 清十郎 / PIXTA（ピクスタ）
p. 37 © jessie / PIXTA（ピクスタ）
p. 45 © tomcat / PIXTA（ピクスタ）
p. 53 © tokinoun / PIXTA（ピクスタ）
p. 64 © den-sen / PIXTA（ピクスタ）
p. 73 © buritora / PIXTA（ピクスタ）
p. 81 © CORA / PIXTA（ピクスタ）
p. 90 © metamorworks / PIXTA（ピクスタ）

まえがき

　このテキストは、大学生向けの Writing Skill 向上のための総合教科書です。

　昨今の大学英語教育では、従来の「英文翻訳式の授業」をできるだけ廃して、音声主体か発信型の授業に移行させていこうという動きがあります。にもかかわらず、どの学部・学科であろうと、大学教育では、英語で書かれた海外の文献を読みこなし、それを研究に役立てなければならないという命題も存在します。それがジレンマになっていることは、大学教育に携わっている人なら皆気づいていることでもあります。

　しかし、かつて「目の敵」にされた英文法も、今では「やはり無くてはならない」ということを再認識する人が増えているのも事実で、それは英文を読むことだけにではなく、発信するための技能 (writing & speaking) にも不可欠だということに気づいた結果であると推測されます。以上のことを考慮に入れて編まれたのが当テキストであり、就職のために「必須」とされている TOEIC® L&R Test の各頻出トピックを中心に、「発信型の文法」と「writing の演習問題」で構成されたユニークな内容となっています。よって、このテキストは、TOEIC® Speaking & Writing Tests の対策用テキストではないことをお断りしておきます。

　全体的に見て、日本の多くの大学生の（総合的）英語力が上昇していない、逆に低下しているのではないかという危惧は、現場に居る人間にはヒシヒシと伝わってきます。英語力低下の原因は、翻訳機（Google 翻訳や Deep-L）等の開発により、それに頼り過ぎていることも原因の一つと考えられますが、何より、中学・高校時代から学習してきている筈の基礎的英語力、中でも文法力の低下に最大の原因があると考えられます。したがって、このテキストを執筆するに当たっては、各 Unit を TOEIC® L&R Test の各頻出トピック毎に特化した配列としたうえで、それに付随した文法・英訳問題を多く配置することで、学習成果を上げることに腐心しました。

　各 Unit には、英語学習において知っておきたい事柄の解説を付けました。また、「大問 I」では TOEIC® L&R Test の各トピックで重要な Vocabulary の問題、「大問 II」では TOEIC® L&R Test の各文章問題に準じた適語選択問題を配置しました。「大問 III」では、writing の際に英文法の陥穽に陥らないための正誤問題と、「文法→作文」に至るための適語補充問題、「大問 IV」では、TOEIC L&R Test® のいわゆる文法問題 (Part 5) の模擬テストを付けました。そして「大問 V」の単語の並べ替えによる英文構築問題へと進みます。

　少し欲張った内容だと感じる方もいらっしゃるでしょうが、このテキストが、これから現代の多様な社会を生きていかなければならない大学生の英文構築力の一助になり得れば、著者にとってこれほど喜ばしいことはありません。

　最後になりましたが、英文を校閲して下さったジェームス・バーダマン早稲田大学名誉教授に心より御礼申しあげます。

2023 年 10 月

浦部　尚志

CONTENTS

Unit 1
Purchases

★「購買」というテーマで英語を学ぼう

「客」「商品」「買い物」など、文脈を考えずに単純に日本語を英語に置き換えることはできません。我々の生活に密着し、様々な状況で使われる「買う」という行為に関する英語の用法を確認し、正しい英語を書けるようにしてみましょう。

I 日本語の意味に合致するものを選びなさい。

1. **account**	( )	・a.	小売り（する）[⇔ wholesale]
2. **article**	( )	・b.	株（式資本）[≒ share]、在庫（品）
3. **charge**	( )	・c.	顧客、取引先 [≒ client]
4. **credit**	( )	・d.	記事、雑誌論文、物品、品物 [≒ item]
5. **customer**	( )	・e.	商品、品目
6. **item**	( )	・f.	請求（する）；非難（する）、充電（する）
7. **merchandise**	( )	・g.	（集合的に）商品
8. **product**	( )	・h.	信用（貸しする）、（銀行の）預金額、（金額を）貸方に記入する
9. **retail**	( )	・i.	製品、生産物
10. **stock**	( )	・j.	会計、領収書、請求書、オンライン等の利用資格

II 日本語訳を参考にして、適切な方の語句に〇を付けなさい。

Dear Customer,

We apologize ①(for / to) the ②(inconvenience / inconvenient) this time. Item number 4742-156 you have ordered is presently ③(in / out of) stock. Regrettably, when we were processing your purchase, we experienced a system bug which resulted ④(in / from) a mistake of charging the bill to your account. According to our policy, we cannot charge customers before the ⑤(ship / shipment) of merchandise. So we have taken ⑥(collective / corrective) measures that will credit your account for the charges. We are currently making inquiries to suppliers about this product. We will inform you ⑦(of / that) the situation as soon as we ⑧(find out / will find out). Please feel free to contact our customer service division if you wish to cancel this order.

Thank you,

Melzon Retail, Inc.

Customer Service Telephone Number: (103) 852-4674

（和訳）

お客様へ

　この度はご迷惑をおかけしてしまい、お詫びいたします。この度お客様が注文なされた商品の番号 4742-156 の商品は、現在，在庫切れとなっております。遺憾ながら、お客様の購入手続きの処理中にシステムのバグが結果として発生し、アカウントにこの商品の料金が請求されてしまいました。弊社の規定により、商品発送前にお客様へご請求をすることはできませんので，ご請求額をお客様の口座に払い戻しをする是正処置を行いました。現在仕入れ先への本商品の照会を行っておりますので、状況が分かり次第、お客様にご連絡申し上げます。もし本商品のキャンセルをご希望される場合には，弊社の顧客サービス部まで遠慮なくご連絡ください。

よろしくお願いいたします。

メルゾン販売株式会社

お客様用サービス電話番号：(103) 852-4674

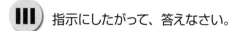 指示にしたがって、答えなさい。

A. 間違っている箇所に下線を引き正しい語句に書き換えなさい。2 語以上になる場合もあります。

1. その会社は、競合している我が社の最大のライバルである。

That company is our strongest opposer.

　　　　　　　　　　　　　　　　　　　→ （　　　　　　　　　）

2. 我が社の近くにあるショッピングモールは、いつも客であふれている。

The shopping mall close to our firm is always crowded with passengers.

　　　　　　　　　　　　　　　　　　　→ （　　　　　　　　　）

3. この白いワンピースをここで着てもいいですか？——どうぞお試しください。

Could I wear this white one-piece dress here?—You're welcome to try it.

　　　　　　　　　　　　　　　　　　　→ （　　　　　　　　　）

4. 先日、彼は 1 日休暇を取って、東京にあるアニメショップに買い物に行った。

The other day, he took a day off and went shopping to an anime shop in Tokyo.

　　　　　　　　　　　　　　　　　　　→ （　　　　　　　　　）

5. 当ホテルは、今晩、大勢の外国からのお客様が来るのをお待ちしています。

Our hotel is expecting a large group of visitors from a foreign country this evening.   → (   )

B. 選択肢から適切な語を 1 つずつ選び、必要なら正しい形にして、各カッコ内に書き入れなさい。いくつか、余分な選択肢があるので、注意しなさい。

6. 私は幼い頃、日曜日によく両親にデパートに遊びに連れて行ってもらい、そこで買い物や外食などをして楽しい時を過ごしたものだ。

When I was very young, my parents would often (   ) me to a department store in the downtown area (   ) (   ) and I always spent fun times (   ) and (   ) out with them there.

7. 私はファッションにはうるさいので、特に服のブランドをよく見てから買います。

As I'm (   ) (   ) fashion, I take a (   ) (   ) at the brands of clothes, especially before buying them.

> **6~7 choices** about / careful / carefully / eat / noisy / look / see / on / particular / shop / Sunday / take

8. その駅中のハンバーガーショップはその女子校生たちのお気に入りのたまり場で、彼女たちは、学校帰りにいつもそこに立ち寄っていた。

The burger shop inside the train station used to be a (   ) (   ) for schoolgirls, and they always (   ) (   ) on (   ) way home from school.

9. この店では時間決めで、両側に仕切りの付いた机を借りられるので、リモートワークに最適です。ドリンクバーも付いていて、快適ですよ。

At this store, you can (   ) a desk, with (   ) on both sides, by (   ) hour, so it is (   ) for remote work. There is also a drink bar attached to it, which is quite (   ).

10. 日本人は列を作って並ぶのに慣れているとよく言われるが、私はラーメン屋の前で長い列に並んで店に入る順番を待つのは嫌だ。

It's often said that Japanese people are (   ) to (   ) (   ) (   ), but I don't want to wait in a long line in front of a ramen shop for my (   ) to go in.

> **8~10 choices**   an / by / comfortable / favorite / hangout / ideal / in /
> one / over / partition / queue /rent / remarkable / stand / stop / the / their /
> turn / used /

IV 文法的に正しいものを４つのうちから、各々１つずつ選びなさい。

1. If I cannot find any retailers who stock certain products (   ) my neighborhood, I
   often purchase them from an online shop.

   (A) at   (B) in   (C) of   (D) on

2. Ober Yummy Distribution, Inc. always guarantees on-time food (   ) of orders,
   as its business motto.

   (A) deliver   (B) delivered   (C) delivers   (D) delivery

3. Due to an (   ) increase in consumer demand, mask sales rose (   ) 600% year-
   on-year during the covid-19 (novel coronavirus) pandemic.

   (A) explode / to   (B) explosion / with
   (C) explosive / by   (D) erupt / at

4. Users of this auction website are required to pay (   ) three days of the date that
   they have (   ) a successful bid.

   (A) within / made   (B) into / win
   (C) from / winning   (D) for / grown

5. Our top priorities include not only (   ) the safety of both our customers and
   employees, but also (   ) both productivity and employment.

   (A) keeping / arising   (B) hindering / arousing
   (C) protecting / raising   (D) preventing / rising

V 提示された日本語に合うよう、各英単語を並べ替えて、正しい英文を作りなさい。
文頭など、必要な場合は、自分で考えて大文字にしなさい。また、句読点も忘れず
に付けなさい。

1. 弊社の流行衣料品の一つに問題があったということをお聞きして、非常に申し訳なく存
   じます。

   We (a problem with / are / fashion / had / hear that / our / one of / very sorry to /
   you) garments.

....

....

2. お詫びの印として、お客様には、当社のどの衣料品でも 30 ドルの値引きとなる割引券を
ご提供したく存じます。

As (a / a $30 / apology, we / coupon for / discount / token of / to offer /
would like / you a) on any piece of our company's clothing.

....

....

3. 12 月は、1 年の締めくくりに向けて、人々がとてもせわしないが、どこかウキウキとす
る時期である。

December is a time (are / are somewhat / busy but / buoyant / hearts / of the /
people / the end / their / towards / when / very) year.

....

....

4. なので、人気のレストランやホテルの予約は熾烈を極め、11 月中に予約がうまってしま
うこともザラである。

That's why it is common that (are / booked early / competition for / fully /
fierce that / they / hotels / is so / in November / restaurants and / popular /
reservations for / .)

....

....

5. クリスマス・イブの休みは何とか確保できたが、その日のレストランの予約は壊滅的に
難しい。このままでは、彼女に顔向けができない。どうしよう？

I've managed (a break / are / Christmas Eve, / difficult / catastrophically / but /
on / restaurant / reservations for / to secure / that day / .) I can't show my face to
my girlfriend like this. What should I do?

....

....

....

Column 1

★ 少しずつ意味の異なる「同義語」(synonyms) の使い方に注意しましょう。

◉ 「客」… **customer(s)**「(店などの) 顧客」、**client(s)**「(主に銀行、法律事務所などの) 客、取引先」(ただし、customer の言い換えとしてもよくつかわれる)、**passenger(s)**「乗客」、**guest(s)**「(ホテルなどの) 泊り客」、**visitor(s)**「(商用・観光などで、場所を訪れる) 訪問客」、audience「観衆、聴衆」(集合名詞で、単数・複数両方で使われる)

◉ 「商品」… **goods**（常に複数で使われる、最も一般的な語）、**item(s)**（「品目」の意味から転じて「商品」の意味で使われる）、**article(s)**（主に「(新聞・雑誌の) 記事、雑誌論文」の意味でよく見かけるが「物品」の意味もあるので注意、**product(s)**（主に「工業生産物」を指すが長文内などでは「商品」の意味でよく使われる）、**produce**（通常は「生産する」という意味の〈動詞〉だが、〈名詞〉で「農産物」の意味も持つ）、**merchandise**（不可算の集合名詞として「(取り扱いの全) 商品」という意味を成し、原則 a も付かなければ、複数形にもしない）

◉ 「株」… **stock(s)**（原則、アメリカ英語で「株 (式)」）、**share(s)**（通例、イギリス英語で「株 (券)」の意味だが「共有、取り分」の意味もある。なお、"market share" は、〈不可算名詞〉で「市場占有率」の意味になる、**securities**（security という単数形は、通例、〈不可算名詞〉で「安全 (保障)」の意味だが、〈可算名詞〉で常に複数形で「有価証券 (≒株券)」という意味になる。ちなみに、"government securities" は「(政府発行の) 国債、公債」の意味）

Unit 2
Entertainment
★「娯楽」に関する英文を読み・書けますか？

かつて高度経済成長時代には「エコノミックアニマル」とまで呼ばれ、娯楽とは無縁とまで言われた日本ですが、今は大学にも「漫画学科」が存在する時代です。エンターテイメントは、現代人にはなくてはならないものとなりました。当然、TOEIC® においても必須のテーマとなっていることを覚えておきましょう。

I 日本語の意味に合致するものを選びなさい。

1. **be addicted to ~** ( )	・a.	小売り（する）[⇔ wholesale]
2. **affordable** ( )	・b.	選定する、指名する
3. **retail** ( )	・c.	先入観、偏見
4. **designate** ( )	・d.	（〜の）中毒［夢中］になっている
5. **displace** ( )	・e.	（値段などが）手ごろな
6. **prejudice** ( )	・f.	定期購読：サブスク（ネットサービス等の）定期加入
7. **privilege** ( )	・g.	定期購読する；（ネットサービス等に）申し込む、加入する
8. **sign up for ~** ( )	・h.	（〜に）取って代わる
9. **subscribe to ~** ( )	・i.	特権、特典
10. **subscription** ( )	・j.	申し込む、登録する、契約する

II 日本語訳を参考にして、適切な方の語句に〇を付けなさい。

Right now, **OnlineFreaks** is running triple-feature "Film Classics Retrospective Special Program" at a great price. If you have not yet ①(subscribed / subscription) to our website to view these movies, please ②(make / take) advantage of this opportunity to join us now. Why not enjoy such valuable entertainment at affordable prices on our site?

It's now or never to ③(make / sign) up for our service! There are lots of great deals, namely, good-value plans, now. For example, you can watch 3 of the 9-part "Cosmos Wars" saga movies at a great discount set price, and if you order the whole 9-part movie series at once, 3 of them will be free of charge. Also, as an ④(enter / entry) benefit, you will be to able to watch any movies for the first month completely ⑤(for / of) free when you join our site, but this is a special ⑥(prejudice / privilege) only for now! However, in that case, you cannot withdraw from the membership for at least one year, and if you withdraw in the middle, a separate cancellation fee will ⑦(charge / be charged). So, be careful!

Now, you too, can enjoy all kinds of movies and TV dramas on our website right away at bargain prices to blow away your daily ⑧(boredom / boresome) with **OnlineFreaks!**

(和訳)
今、OnlineFreaks では、3 本立ての「名画回顧特集」をお得な値段で実施しています。まだ、当ウェブサイトの視聴を申し込んでいない人は、今すぐ、この機会を利用して入会してください。当サイトで、価値ある娯楽を手ごろな値段で楽しんでみませんか？

申し込むなら今しかありません！　今なら、お得なサービス（バリュー・プラン）が目白押しです。例えば、「Cosmos Wars サーガ」全 9 本のうち、3 本をお得な割引セット価格で視聴可能ですし、9 本一度にお申し込みなら、そのうち、3 本が無料になるキャンペーンを実施中です。また、入会時の特典として、最初の 1 カ月間は完全視聴無料になりますが、これは今だけの特別サービスです！　ただし、その場合、最低 1 年間は退会はできませんし、途中退会の場合は、別途、キャンセル料が発生しますので、ご注意ください。

さあ、今すぐ、あなたも OnlineFreaks で日頃の退屈を吹き飛ばす、様々な種類の映画やドラマを格安な値段で楽しんでください！

III 指示にしたがって、答えなさい。

A. 間違っている箇所に下線を引き正しい語句に書き換えなさい。2 語以上になる場合もあります。

1. 今度の日曜日にバーベキューパーティーに招待されて、とても嬉しいです。

It's very glad to be invited to the barbecue party next Sunday.

→ (　　　　　　　　　　　)

2. これらは、私の人生において見た映画の中で最高の3作である。

These are the best three movies that I have ever seen.

→ (　　　　　　　　　　)

3. 私は、かろうじて、どうにか時間に間に合いコンサート会場にたどり着くことができた。

I hardly managed to make it to the concert venue in time.

→ (　　　　　　　　　　)

4. この前の日曜日に私がホールインワンを取ることができたゴルフクラブは英国製である。

The golf club which I made a hole in one last Sunday is made in the U.K.

→ (　　　　　　　　　　)

5. 最近、新年の休日に観光でハワイに行く日本の芸能人の数が減っている。

The number of Japanese TV stars who visit Hawaii for sightseeing during New Year's holidays have recently been decreasing. → (　　　　　　　　　　)

B. 選択肢から適切な語を1つずつ選び、必要なら正しい形にして、各カッコ内に書き入れなさい。いくつか、余分な選択肢があるので、注意しなさい。

6. 来週、あなたの家に行きたいんだけど。何曜日が都合がいいかな？──今度の土曜日がいいんだけど。じゃあ、朝10時に来てくれない？

I'd like to go to your house next week. What day of the (　　　　) would be (　　　　　) for you?—I'm (　　　) next Saturday. Well, (　　　　　) you come at 10 a.m.?

7. OnlineFreaks のストリーミングサービスの代金は一月に500円しかかかりません。それに加入すれば、パソコンやスマートフォンで、いつどこででも映画が見られるので、とても便利ですよ。

The streaming service (　　　　　) for OnlineFreaks is only 500 yen (　) month. If you (　　　　) (　) it, you can watch movies anytime, anywhere (　) your computer or smartphone, (　　　) is very convenient.

8. CDやDVDを所有したいので、僕は音楽や映画のサブスクは購入しません。CDやDVDはずっと持っておけるから、僕はそれらを集める方が好きなんです。

As I want to (　　) CDs and DVDs, I don't buy music (　) movie subscriptions. I can (　　) CDs and DVDs (　　) me forever, so I (　　　) to collect them.

> **6~8 choices** a / charge / convenience / convenient / free / keep / on / or /
> own / prefer / refer / submit / subscribe / to / week / which / with / won't /

9. 最近、YouTube のビデオを見るのにハマっているんだけど、そこの広告がうざいんだよね。でも、YouTube に金を払うのは嫌だしなあ。——じゃあ逆に、YouTube のページに、試しにあなた自身の動画をアップしてみたらどう？

I'm (　　　　) to (　　　　　　) videos on YouTube these days, but the many ads in it are (　　　　　). However, I hate (　　　　　　) money for items on YouTube.—Well, on the contrary, why don't you try (　　　　) your own videos on the YouTube page?

10. 現代社会では、より新しいテクノロジーが日々、次々に取って代わられています。——ええ、ちょうどMP3 プレーヤーもそうで、特にアメリカでは、既にその 80 パーセントがストリーミングサービスシステムに取って代わられています。

In (　　　　　　) (　　　　　), newer technologies are (　　　　　) one (　　　) another daily.—Yes, it's just like MP3 players especially in the U.S., 80 percent of which have (　　　　) been replaced by the streaming service system.

> **9~10 choices**　addict / after / already / annoy / contemporary / displace / misplace / pay / post / society / watch / yet /

Ⅳ 文法的に正しいものを４つのうちから、各々１つずつ選びなさい。

1. This song is one of the very few (　　) examples for the one-hit wonder singer.
   (A) succeed　　　(B) successful　　　(C) succession　　　(D) successive

2. Please (　　) that this voucher can only be used for purchases of 2,000 yen or more.
   (A) note　　　(B) sure　　　(C) watch　　　(D) advise

3. Don't you think it's a good idea to go out after exams are (　　) to relieve stress?
   (A) end　　　(B) finish　　　(C) last　　　(D) over

4. We are (　　) to announce that your city has (　　) as a special zone for attracting casinos.
   (A) pleasing / been designated　　　(B) pleasing / designated
   (C) pleased / designated　　　(D) pleased / been designated

5. Everyone (　　) in the charitable institution desperately exchanges ideas to hold a charity event so that they can (　　) a large sum of money to support victims of the Ukraine conflict.

(A) involve / meet　　　　　　　　　　(B) involving / make

(C) involved / raise　　　　　　　　　(D) to involve / perform

Ⅴ 提示された日本語に合うよう、各英単語を並べ替えて、正しい英文を作りなさい。文頭など、必要な場合は、自分で考えて大文字にしなさい。また、句読点も忘れずに付けなさい。

1. このネットショップは品揃えが豊富なので、買い物がとても楽しい。

(a / because / fun / great / has / is / items, shopping / large / online / selection of / shop / this / .)

....

....

2. 日曜の午後にロンドンのハイドパークに行くのを私は楽しみにしている。

(forward to / going to / Hyde Park on / I'm / London's / looking / Sunday afternoon / .)

....

....

3. そこのスピーカーズ・コーナーで、色々な人々が様々な主張を伝えるために熱弁をふるっているからだ。

That is because at (conveying / Corner, / fiery / give / many sorts / of / people / speeches / the Speakers' / various / claims /.)

....

....

4. 特に熱狂的なファンに愛されているので、町下秋彦の小説は、当出版社の主力商品である。

Especially loved (Akihiko Machishita's / are our / by / company's / enthusiastic fans, / flagship / his / novels / products / publishing / .)

....

....

5. コロナ禍のせいで、去年は我が町の花火大会が開かれなかったけれど、今年は例年通り、8月の初めに見物できるでしょう。

Due to the (but this / display in / the fireworks / held last / coronavirus crisis, / our town / was not / year, / year,) we will be able to see it at the beginning of August as usual.

....

....

....

Column 2

◉ **entertain** という〈動詞〉には、「（人を）楽しませる、もてなす」の意味があります。その単語に、〈名詞〉を作る接尾辞 (**suffix**) の **-ment** を付けた **entertainment** は、「歓待、もてなし；娯楽、余興、演芸」という意味になります。「『客』(**audience**) をもてなして、喜ばせること」がエンターテイメントの元の意味になるわけです。ただし、一頃流行った「おもてなし」という言葉は **entertainment** よりも、「客」は客でも「(**guest(s)** を）親切にもてなすこと、歓待、厚遇」という意味ですから、**hospitality** を使う方が適切です。

◉ 大体の目安ですが、「値段」を表す形容詞を「安い」から「高い」へ順に並べると：**cheap**（安い、粗末な）＜ **inexpensive**（高くない）＜ **affordable**（手頃な額の）＜ **reasonable**（妥当な額の）＜ **expensive**（高い）＜ **unaffordable**（とんでもない額の）＜ **exorbitant**（途方もない額の）＜ **outrageous**（法外な額の）となります。

◉ **cheap** と **expensive** の使い方には十分注意しましょう。この両〈形容詞〉には『お金の値段が』の意味が含まれています。よって、「お金」を表す cost, price, salary 等を修飾できません！ 一見正しいように見える "cheap cost*" や "expensive price*" や "cheap salary*" 等は、無教養な native speaker たちには使われているようですが、日本語でよく引き合いに出される「頭痛が痛い *」のような意味が重複した、おかしな表現になってしまっているのです。これらの表現は、正しくは、"low cost"「低コスト」や "high price"「高価」や "small salary"「薄給」となります。

Unit 3
Travel
★コロナ禍後の時代における「旅行」の英語

「旅行」は、TOEIC®でも、以前から頻出のテーマでした。インターネットが発達し、世界が「狭くなった」現代では、「旅行」は前ほど重要なテーマではなくなっている可能性があります。TOEIC®でもひと頃より、このテーマの出題は少なくなっていますが、やはり避けては通れない学習課題なのです。

  日本語の意味に合致するものを選びなさい。

1. **abroad**	（　）	・a.	旅行日程（表）
2. **accommodation**	（　）	・b.	（部屋・座席などを）予約する
3. **attraction**	（　）	・c.	呼び物、アトラクション
4. **baggage [≒ luggage]**	（　）	・d.	持ち物、所持品
5. **belongings**	（　）	・e.	目的地
6. **book**	（　）	・f.	手荷物
7. **destination**	（　）	・g.	乗客
8. **freight**	（　）	・h.	宿泊施設
9. **itinerary**	（　）	・i.	貨物、積み荷
10. **passenger**	（　）	・j.	海外へ［に］

Ⅱ 日本語訳を参考にして、適切な方の語句に〇を付けなさい。

[Advertisement]

【Trip to Kyoto】—**ISA official website:** https://www. isa.co.jp—
Easy Reservations for Hotels & Japanese-style Inns
Introduction of recommended travel plans

◉**Reservations for hotels & Japanese-style inns [ryokan] in Kyoto**—You can find the perfect place to stay by date, purpose or location: from businesspeople's hotels convenient for business trips to luxury hotels and inns for special trips. Same-day reservations are ① (able / possible). "Hotel rankings" are also ② (available / useful) on our website.

◆ Special Plans ◆

We also propose several travel plans to make Kyoto more ③ (attraction / attractive) for you. ④ (Above / Below) are some of our most recommended travel plans.

[Plan 1]

"Staggered" travel—Why don't you alter the season, location, and standard ⑤ (processing / itinerary)? With a wide variety of "courses to choose ⑥ (from / for)," would you like to enjoy a trip that is "staggered" from the standard sightseeing tour in Kyoto? You will surely discover aspects of Kyoto that are different from the usual!

[Plan 2]

Take a ⑦ (relax / relaxing) **trip to Kyoto** to enjoy its history, culture, and entertainment in ⑧ (freight / vehicles) and accommodations with an air of luxury. We offer a great variety of plans—not only accommodation plans but also day tours, etc. Reservations for this plan are also easy! For details, you can easily search by selecting regions and schedules.

（和訳）

［広告］

【京都旅行】—ISA 公式サイト：https://www.isa.co.jp—
ホテル旅館の簡単予約／お勧めの旅行プランのご紹介

●京都のホテル・旅館予約—日付、目的、地域からあなたにぴったりの宿泊先が見つけられます。 出張に便利なビジネスホテルから、特別な旅行のための高級旅館＆ホテルまで。当日予約可能。「ホテルランキング」も利用できます。

◆特別プラン◆

　また、当社では、京都をより魅力的に楽しむためにいくつかの旅行プランもご提案しています。以下は、中でも特に当社お勧めの旅行プランです。

［プラン1］

「ずらし」旅行—季節や、場所や、定番の旅程などをずらして旅行してみませんか？ 新しい旅の楽しみ方「ずらしプラン」でお出かけしましょう。豊富な「選べるコース」で、定番の京都観光から「ずらした」旅を楽しんでみませんか？ これまでとは違った京都をきっと発見できます！

［プラン2］

京都の歴史や文化やエンターテインメントをゆったり楽しむ旅へ、高級感のある車内や宿泊施設で出かけましょう。宿泊プランだけでなく日帰りツアーなど、バラエティー豊かなプランをご用意しています。ご予約も簡単！ 詳しくは地域・日程選択で簡単検索。

III 指示にしたがって、答えなさい。

A. 間違っている箇所に下線を引き正しい語句に書き換えなさい。2語以上になる場合もあります。

1. 明日、休みを取って、江の島にサーフィンをしに行きましょう。

   Why don't we take a vacation tomorrow and go surfing at Enoshima?

   → (　　　　　　　　　)

2. その聖なる河での入浴は、その国の人たちにとっての重要な宗教的な習慣である。

   Bathing in the sacred river is an important religious habit for the people of that country.　→ (　　　　　　　　　)

3. その城の中には、たくさんの赤い薔薇が咲きほこる有名な庭園がある。

   There is the famous garden in the castle, where many red roses are in full bloom.

   → (　　　　　　　　　)

4. デンマークは訪れましたが、他の北欧の国々にはまだ行ったことがありません。

   I visited Denmark, but I have never gone to other Scandinavian countries.

   → (　　　　　　　　　)

5. 来週、日光へ観光に行きませんか？

   What do you say to go on a sightseeing trip to Nikko next week?

   → (　　　　　　　　　)

B. 選択肢から適切な語を1つずつ選び、必要なら正しい形にして、各カッコ内に書き入れなさい。いくつか、余分な選択肢があるので、注意しなさい。

6. いらっしゃいませ、ご用件をお伺いいたしましょうか？　旅行先はどこをお考えですか？
   ——温暖な気候の地域に行こうかと考えているんです、というのは自分の健康が心配なのです。どこか良い旅行先を提案していただけませんか？

   Hello. How may I help you? Where are you thinking about traveling?—I'm thinking about going to an area (　　　) a warm (　　　　　), because I'm (　　　　) about my health. Can you (　　　　) a good travel (　　　　　)?

7. じゃあ、日本に行くのはいかがですか？　人々は親切ですし、食べ物も美味しいですし、何より治安がとてもいいですよ。——でも、聞いたところによると、物価が高いということですので、ためらってしまうのですよ。

   Well, how about going to Japan? People are kind, food is delicious, and more than anything else, Japan is a very (　　　) country.—But from (　　　) I've heard, prices are (　　　), so I (　　　　) to go there.

8. ところが、そうでもないんですよ。日本では、バブル経済崩壊後の「失われた30年」の間に、デフレが進み、総じて物価が安くなっているんですよ。大卒者の初任給も30年間、全然上がってないらしいですよ。——えーっ、それは驚きです。じゃあ、日本に決めようかな。

However, that is not the (　　　). In Japan, during the "lost 30 years" after the (　　　) of the bubble economy, deflation has (　　　　　), and as a result of that, prices have generally declined. It seems that the (　　　　) salary of university graduates has not (　　　　) at all during (　　　) 30 years.—Wow, that's surprising! So, I guess I'll decide to go to Japan.

> **6~8 choices**　burst / case / climate / destination / destiny / hesitate / high /
> increase / progress / safe / safety / start / suggest / these / what / with / worry

9. ただし、日本でも、ここ最近、再び物価が上がりつつあるんですよ。コロナ禍やウクライナでの戦争や世界的な不況のせいで、少しずつものの値段が上がっています。ですから、日本に旅行するなら、今のうちがいいかと思いますよ。

For all that, even in Japan, prices have been rising again recently. (　　　) (　　) the covid-19 (　　　　　), the war in Ukraine and the global (　　　　), prices of (　　　　　) are also gradually rising again. So, if you're going to travel to Japan, I think now is the time to go.

10. どうしようかなあ。でも、ちょっと前まで「クールジャパン」と呼ばれていた、日本独特の文化に触れるのも悪くないかもしれませんね。分かりました！　日本へ旅行することに決めました。御社で何かお勧めの日本ツアーはありますか？

Umm, let me see …. But it may not be (　　　) to (　　　　　) the (　　　　) culture of Japan, which has been called "Cool Japan" until recently. That's it! I've (　　　　) to travel to Japan. Do you have any (　　　　　　) Japan tours?

> **9~10 choices**　bad / commodity / decide / dew / due / deflation / inflation /
> experience / pandemic / recession / recommend / to / unique /

IV 文法的に正しいものを４つのうちから、各々１つずつ選びなさい。

1. From next month, the travel agency will start (   ) special tours for post-graduation trips.

(A) provide   (B) providing   (C) provided   (D) to be provided

2. Some of the airline passengers from the flight (   ) at the baggage claim that their bags have not come yet.

(A) claims   (B) complains   (C) is claiming   (D) are complaining

3. Passengers who come from overseas must (   ) all their belongings at customs upon (   ).

(A) declare / arrival   (B) publish / arrive

(C) publicize / arriving   (D) report / arrives

4. Recreation facilities in our hotel are readily available, but (   ) reservations are required (   ) them.

(A) advance / to use   (B) before / use

(C) beforehand / usage   (D) progress / using

5. To (   ) why you are satisfied with the customer service of our hotel or not, please circle the reasons (   ) below.

(A) display / listing   (B) indicate / listed

(C) show / list   (D) teach / to list

V 提示された日本語に合うよう、各英単語を並べ替えて、正しい英文を作りなさい。文頭など、必要な場合は、自分で考えて大文字にしなさい。また、句読点も忘れずに付けなさい。

1. 日本を訪れる外国人観光客の数が年々増加しているので、東京で外国人を見かけない日はない。

Because (been / by year, there / day / is / increasing year / Japan has / not a / of foreign / the number / tourisits / visiting) when you don't see foreigners in Tokyo.

....

....

2. 私は、最良の愛国教育は「旅行」であり、子どもたちに自国の自然や歴史、文化を見せることが重要だと思います。

I believe that (and culture of / the best / country / to children / education is / natere, history / patriotic / showing the / their own / "travel," and that) is important.

注)「愛国教育」patriotic education

....

....

3. 海外に行く前に現地の事を調べると、大抵のどこの国でも「危険」「泥棒」「日本ほど安全じゃない」などのマイナスな言葉がすぐ出てきます。

If you research the local situation before going abroad, (as / come / "dangerous,"/ most countries / negative / "not as safe as Japan" will / "theft," and / up immediately for / words such / .)

....

....

....

4. 海外では危機管理や警戒は必要ですが、実際に現地に行くと、時々人々とのすばらしい触れ合いをすることができます。

Crisis (can / come into / contact with / locals / management and / necessary / overseas, but / sometimes / vigilance are / wonderful / you) when you actually go there.

....

....

....

5. 日本に行くといつも様々な観光地で多くの日本の小中学生を見かけるが、それはしばしば学校が彼らを文化遺産や名勝旧跡を訪ねるようにさせているからである。

When I go to Japan, I always see many Japan elementary and junior high school students (and historic / have / heritage sites / ones of / scenic / schools often / in various / spots, because / their children / tourist / visit cultural) beauty.

注)「文化遺産」cultural heritage sites ／「名所旧跡」historic sites of scenic beauty

....

....

....

Column 3

★英語で「旅行」を意味する最も一般的な語である "travel" の語源は、発音がよく似た "trouble"「苦労、面倒」と同じです！ この語の起源は、後期ラテン語 (Late Latin) の "tripalium"「三本の尖った杭（＝拷問道具）」でしたが、そこから古フランス語 (Old French) を経て、中英語 (Middle English) の "travail"「苦労、辛苦」の意味となり、それが現代まで伝わり、"travel" と "trouble" に分化しました。今でも辞書で "trouble" の直前に載っている、"travail" には「困難、骨折り」及び、「出産の苦しみ、陣痛［文語］」の意味があります（ただし、この意味では、"labor" を使うのが一般的です）。つまり、中世までの旅には困難や疲労は付き物だったため、それが「旅の骨折り」という意味に変化し、そして遂には現代の "travel" にまでなったのです。

◉ 「旅、旅行」を表す語はたくさんありますが、それぞれに微妙に異なった意味がありますので、使い分けなければいけません。➡ **travel** は「旅行」の意味の一番普遍的な語で，特に「遠い国や長期間に及ぶ大きな旅行」のこと／**trip** は普通、「用事か遊びで出かけ，そこから短期間で帰ってくる比較的小さな旅行」のこと／**journey** は通常、「相当に長く，時として骨の折れる旅行」のことで，必ずしも帰ってくることは意図しません／**voyage** は「海上を移動する、比較的長い旅行」のこと／**tour** は「観光や視察等で、計画を立てて各地を回る周遊的な旅行」のこと／**excursion** は「ある目的で団体で行なう遠足や、短い旅行」のことを言います。

Unit 4
Transportation

★「交通、運輸」はどの国でも、いつの時代にも「必須のテーマ」

「通勤」「通学」「運搬」「配達」等のように、人間には「移動」が付き物です！ その国特有の街道・交通・輸送手段も存在します。狭いと言われる日本などには「高速鉄道」が在るのに、広い国土を持つ米国はあまり鉄道が発達していない等、様々です。語学を通して、こういう文化を知るのも一興でしょう！

I 日本語の意味に合致するものを選びなさい。

1. **bumper to bumper** （　　）・a. 横断；渡航；（道路の）交差点、十字路；横断歩道
2. **commute to ~** （　　）・b. 横断歩道（=pedestrian crossing［英］）
3. **crossing** （　　）・c.（道路の）交差点
4. **cross-walk** （　　）・d. 交通信号、信号機
5. **intersection** （　　）・e.［他動詞］（考え等が）～に浸透する、行き渡る
6. **line up** （　　）・f.（車が）数珠つなぎの、渋滞して
7. **pedestrian** （　　）・g. ～へ通勤［通学］する
8. **permeate** （　　）・h.［名詞］歩行者；［形容詞］歩行者の
9. **traffic light** （　　）・i. 乗り物（主に「車」を指す）
10. **vehicle** （　　）・j.［他動詞］列を作る、一列に並ぶ (=form a queue [a line])

II 日本語訳を参考にして、適切な方の語句に〇を付けなさい。

A train on the Hokubu Line running in the Tama Area of Tokyo, which carried some 1,000 passengers, partially derailed yesterday night, but the railroad line has finally resumed its operation early this morning. The fourth car of the 10-car train suddenly left the ①(track / truck) at around 10:30 p.m. on Wednesday, but no one was ②(injured / injuring). Luckily, one of the passengers pressed the emergency button set in the train as he felt like the car strangely floated, and the train driver ③(previously / subsequently) stopped the train. ④(Due to / On behalf of) the derailment, train operations on the line between Dote-gawara and Mugida-zutsumi stations were suspended, ⑤(affected / affecting) about 100,000 passengers.

According to authorities, the cause of the derailment has not been identified yet, but police said ⑥(he / they) found ⑦(an evidence / evidence) that the train had scraped railroad ties for a distance of about 150 meters from the point where the accident ⑧(occurred / was occurred).

（和訳）

　　昨日の夜、約1,000人の乗客を載せた東京の多摩地区を走る北武線の電車の一部が脱線しましたが、今朝、同路線はやっと運転を再開しました。10両編成の列車の4番目の車両が、水曜の午後10時30分頃、突然、軌道を外れましたが、負傷者はいませんでした。幸運にも、車両が奇妙な浮き方をしたと感じた乗客の一人が、列車に設置されている緊急停止ボタンを押し、そしてその後、列車の運転士が同列車を停止させたのです。この脱線のせいで、土手河原〜麦田堤駅間の路線における列車の運行は停止され、約10万人の乗客の足に影響しました。当局者によりますと、脱線の原因はまだ特定されていませんが、警察は、同事故が発生した地点から約150メートル離れた場所にある枕木に、列車が擦った跡を発見したということです。

III 指示にしたがって、答えなさい。

A. 間違っている箇所に下線を引き正しい語句に書き換えなさい。2語以上になる場合もあります。

1. 私は毎日、徒歩で学校に通っている。

I go to school on feet every day.　　　　　　　　→（　　　　　　　　）

2. ラッシュ時に交通が渋滞していて、車が数珠つなぎになっていた。

The traffic was busy during rush hours, and cars were lined up bumper to bumper.

→（　　　　　　　　）

3. 通りを横切ろうとしていた少女と盲導犬は、車に轢かれるそうになった。

A girl and her seeing-eye dog that were crossing the street were almost run over by car.　　　　　　　　→（　　　　　　　　）

4. 飛行機の離陸まであと30分しかないのに、さやかはまだ姿を現わさない。

There are only 30 minutes left before the plane will take off, but Sayaka still hasn't shown up yet.　　　　　　　　→（　　　　　　　　）

5. 最近、在宅勤務が増えているので、以前より電車の利用者数が少し減っています。

Since working from home is increasing these days, the number of train users are a little less than before.　　　　　　　　→（　　　　　　　　）

B. 選択肢から適切な語を1つずつ選び、必要なら正しい形にして、各カッコ内に書き入れなさい。いくつか、余分な選択肢があるので、注意しなさい。

6. 欧米諸国では、「横断歩道＋歩行者＝赤信号」という当たり前のルールが、みんなの意識に浸透しているということをある本で一度読みました。日本では、横断歩道で歩行者が待っていても止まらない車が多いので、残念です。

I once read in a book that in Western countries, an obvious rule, "pedestrian crossing＋pedestrian＝red light" has (　　　　　) everyone's (　　　　　　　). It is a (　　　　) that in Japan, there are many cars that do not stop even if people are waiting (　　) the cross-walk.

7. そのタクシー運転手は、業務中に道路を走っていたら、その時煽（あお）っている車の大半がトラックか高級車、そして煽られている車の大半は軽自動車やミニバンだということに気づきました。

When the (　　　) driver drove along (　　　　) (　　　　　), he noticed then that most of the vehicles (　　　　　) drivers were tailgating other cars are trucks or (　　　　　) cars, and that most of the cars that are being tailgated by such drivers were small vehicles and minivans.

8. 私の知り合いの列車の運転士は、ある日、踏切で緊急停止しました。「異音」の確認のために10分近く停車し、のちに運転を再開しようとしましたが、その10分後に「実は人身事故だった」ということを知らされたのでした。

One day, a train driver of my acquaintance made an (　　　　　　) stop at a railroad (　　　　　). After stopping for (　　　　) 10 minutes to make a check for "an (　　　　　) noise," he tried to resume (　　　　) the train, but another 10 minutes (　　　　), he was informed that it was actually an accident causing a passenger's death.

> **6~8 choices**　abnormal / at / cab / consciousness / crossing / drive / during / emergency / later / luxury / near / nearly / permeate / shame / while / whose / work /

9. 多くのトラック運転手には、事故を起こさないないための独自のジンクスがあります。例えば、トラックに乗るときはいつも同じ足から乗る、いつも同じブランドのハンドルカバーを付ける、業務終了後は自分のトラックを丁寧に洗車する、いつも毎年同じ神社のお守りを付ける、などです。

Many truck drivers have their own jinxes for not getting into an (　　　　　　): for example, always getting in a truck with the same foot, always using the same brand of ( ) ( ) cover, always washing their motor trucks ( ) after the operation work, and wearing the same ( ) amulet every year.

10. 事故は、全種類の車両運転手にとっても命取りになります。なので、特に、新車に乗って何の小さな事故も起こさずに運行を終えた日にしたことを続ける傾向があるのです。

Accidents can be ( ) for drivers of all types of ( ). So, in particular, in a new vehicle, they tend to continue doing ( ) they did on the day ( ) they finished operations ( ) any small accidents.

> **9~10 choices** accident / careful / carefully / fatal / handle / shrine / steering / temple / vehicle / what / wheel / when / with / without

IV 文法的に正しいものを４つのうちから、各々１つずつ選びなさい。

1. In March last year, the timetables of each railway line ( ) revised all at once.

  (A) has   (B) have   (C) was   (D) were

2. Recently, in response to the rise ( ) commodity prices, the fares of JR and many other private railway companies ( ).

  (A) in / has also increased   (B) in / have also increased
  (C) of / is also increasing   (D) of / also increases

3. In order to ( ) the spread of the coronavirus infection, the parking lot of our supermarket will be ( ) from tomorrow until June 30th.

  (A) prevent / closed   (B) prevention / close
  (C) refrain / enclosed   (D) restrain / shutting

4. Unfortunately, I was ( ) £350 for excess luggage at Heathrow Airport, because my suitcase weighed more than the ( ) amount for airline passengers then.

  (A) charged / allowed   (B) petitioned / admitted
  (C) requested / banned   (D) urged / punished

5. The traffic jam which occurred on the highway yesterday was ( ) the trouble in the traffic lights, but the congestion was so heavy that my car could barely ( ) through the intersection and no one was able to distinguish traffic signals.

  (A) because / insert   (B) because of / pierce
  (C) due to / make it   (D) with / cut short

V 提示された日本語に合うよう、各英単語を並べ替えて、正しい英文を作りなさい。文頭など、必要な場合は、自分で考えて大文字にしなさい。また、句読点も忘れずに付けなさい。

1. 日本では電車の中で乗客が寝ているのを見て、よく外国人は驚きますが、実は、「電車での居眠り」は、不思議な光景だと思われています。

   注)「居眠りをする」doze off ／「不思議な光景」strange thing

   In Japan, foreigners are often surprised when they (a strange / but in fact, / dozing / is / off on / passengers / see / they / thing to do /think it / trains, / .)

   ....

   ....

2. 「なぜ日本人は電車で寝るの?」と、外国人は私に尋ねてきますが、やはり我われ日本人は働き過ぎなのでしょうか。

   注)「~と尋ねる」…ここでは、「間接話法」で書いてください。

   (ask / if / it's because / foreigners / Japanese people / me / people / on the / overwork / sleep / train, I / we Japanese / when / why / wonder / .)

   ....

   ....

3. 会社員の中には毎日遅くまで残業して、疲労困憊し、帰りの電車の中で、ついに居眠りしまう人がたくさんいるのです。

   注)「会社員」ofiice worker(s) ／「残業する」work overtime ／「ついに[最後には]~してしまう」end up + ~ ing ／「帰りの電車」the train home ／「~して、…して、そして—してしまう」who ~, (who) …, and (who).

   There are many (day, who are / dozing / end up / late evey / off / office / overtime until / work / workers who / exhausted, and who) home from work.

   ....

   ....

   ....

4. 一方、退勤後に飲み過ぎてしまい、朝の通勤中にもまた居眠りしてしまうという会社員もいます。

注）「退勤する」leave work; clock out ／「朝の通勤」one's morning commute（この commute は〈名詞〉）

On the (drink / during / employees / leaving / much after / off again / some business / too / work and doze / other hand,) their morning commute.

....

....

5. 通勤は、多くの日本の会社員にとって、睡眠確保のための時間になってしまっているのです。

注）「通勤する」commute to work ／「～を確保する」secure ~ ／ time は元々「不可算名詞」だが、「形容詞句」が付いて具体性を帯びたり、時間の幅を表す語句が付いたりした場合、「可算名詞扱い」をすることがあるので注意。

For (sleep / a time to / become / Japanese / many / office / secure / to / workers, commuting / work has / some / .)

....

....

Column 4

★ **20世紀初頭まで栄華を誇ったイギリスは、交通手段の発達にも大きな足跡を残しています。**

◉ 「**地下鉄**」…世界初の地下鉄は 19 世紀の London で始まりました。1863 年 1 月 10 日に Metropolitan 鉄道の Paddington 駅から Farringdon 駅の間に世界初となる地下鉄が開通したのが始まりです（約 6km）。「地下鉄」を意味する「メトロ」の語源は、この「Metropolitan 鉄道」が由来で、その「Metropolitan 鉄道」を模して名付けられた、パリ地下鉄の略称 "Métro (=Métropolitain)" から世界に広まりました（パリ地下鉄は、パリ・メトロポリタン鉄道会社 [Compagnie du chemin de fer métropolitan de Paris] により、1900 年の「パリ万博」開催に合わせて開業されたのです）。さて、「地下鉄」という語は、アメリカ英語では "subway," イギリス英語では "underground" とか、"Tube"［=「London の地下鉄」］と呼ばれます（イギリス英語では、"subway" は「（街路横断用の）地下道」の意味になるので注意）。でも、"Tube" って「管」のことですよね？　実は、開通当時、London の地下鉄は「とっても大きな丸い管」を地面の中に入れて、そこに列車を通したのです！　それが "Tube" の語源になったと言われています。実際に London の地下鉄に乗ると、その tube に合わせて、列車は今でも丸っこい車体をしていることに気づかされます。

◉ **バス**…「バス」の語源は、ラテン語 (Latin) で「全ての人のために」という意味の omnibus（オムニブス）です。ただし、現在の路線バスの起源となった「乗合馬車」(stagecoach) は、不特定多数の客を乗せ、一定路線を運行していました。乗合馬車が最盛期を迎えたのは 19 世紀（1820 年代）で、その背景には人口増加や産業革命に伴う都市拡大、道路の改良、中産階級 (Middle Classes) の勃興などがありました。London の有名な「2 階建てバス」の誕生は、1800 年代（19 世紀）中盤、人気のあった馬車運行にまで遡ります。しかしそれは、馬不足のため慢性的な輸送力不足に陥り、当時の乗客が馬車の天井に乗るまでになってしまいました。それでやむなく、天井部分に座席が設置され、2 階建て車両が誕生したのです。20 世紀に入り、徐々に馬車からガソリンで走る bus に変わっていきますが、1924 年に政府によるロンドン市内バス事業統合で、次第にバス業者により異なっていた色が、市内バスシェアのトップであった LGOC 社 (London General Omnibus Company) の赤色へと変えられていったのです。自動車バスは初期の頃から LGOC 社が 1960 年代まで車両を生産していましたが、後にこの事業は法人化され、その事業の中核となった AEC 社 (Associated Equipment Company) によって、ロンドンの路線バスのほとんど全てが、今のような赤色バスになったのです。

Unit 5
Review 1 (Unit 1–4)

※以下の問題を解いて自分の理解度を確認してください。

/50

I. （二択問題）

正しい方を一つずつ選び、○をつけなさい。(2′× 5)

1. この白いワンピースをここで着てもいいですか？——どうぞお試しください。
   Could I (try on / wear) this white one-piece dress here?—You're welcome to try it.

2. 通りを横切ろうとしていた少年と盲導犬は、車に轢かれてしまった。
   A boy and his seeing-eye dog that were crossing the street were run over (by car / by a car).

3. デンマークでは、空港で預けたはずの手荷物が行方不明になってしまいました。
   In Denmark, baggage that should have been checked in at the airport went (missed / missing).

4. 最近、YouTube のビデオを見るのにハマっているんだけど、そこの広告がうざいんだよね。
   I'm addicted to (watch / watching) videos on YouTube these days, but many of the ads in it are annoying.

5. この曲は、その一発屋の歌手にとって、数少ない成功例の一つです。
   This song is one of the very few (successful / successive) examples for the one-hit wonder singer.

II. （穴埋め問題）

選択肢から適切な語を 1 つずつ選び、必要なら正しい形にして、各カッコ内に書き入れなさい。正答は 2 語以上になるときもあります。同じ語を複数回使っても構いません。また、いくつか、余分な選択肢があるので、注意しなさい。(1′× 11)

1. 事故は、どの種類の車両の運転手さんにとっても命取りになりえます。
   Accidents can be (   ) for drivers of all types of (   ).

2. このネットショップは品揃えが豊富なので、買い物がとても楽しい。
   Because this online shop has a large (   ) of items, shopping is (   ) (   ).

3. 当サイトの視聴を申し込んでいないのでしたら、今、この機会を利用して入会して下さい。

If you have not yet (   ) (   ) our website to view these movies, please take advantage of this (   ) to join us now.

4. 消費者需要の爆発的な増加のせいで、コロナ禍でマスクの売り上げは、前年比 600% 上がった。

Due to an (   ) increase in consumer (   ), mask sales rose (   ) 600% year-on-year during the covid-19 [coronavirus] pandemic.

> **Choices** by / to / until / with / demand / fan / fun / fatal / great / supply / explode / explosive / opportunity / opposition / selection / submit / subscribe / vehicle

III. （語句訂正問題）

間違っている箇所に下線を引き正しい語句に書き換えなさい。正答は 1 問につき 2 語以上になる場合があります。(2′× 5)

1. 新店舗のオープン記念のお祝いイベントには必ずお越しください。
Don't miss our Grand Open celebration event at the new store.　→ (   )

2. その旅行会社は、新卒者用の特別ツアーの提供を始める予定である。
The travel agency will start providing special tours with new graduates.
→ (   )

3. ラッシュ時に道路が渋滞していて、車が数珠つなぎになっていた。
The roads were heavy during rush hours, and cars were lined up bumper to bumper.　→ (   )

4. 海外からきた乗客は、到着時に税関で全ての持ち物の申告をしなければなりません。
Passengers who come from overseas must delare all their belonging at customs upon arrival.　→ (   )

5. 当ホテルの接客サービスになぜ満足しているか、またはそうでないかを示すために、以下に記載されているいくつかの理由の項目を選び、○を付けてください。
To indicate whether you are satisfied with the customer service of our hotel or not, please choose and circle some of the reasons listing below.　→ (   )

IV. （四択問題）

カッコ内に入れるのに最も適切な語を、各々 4 つのうちから選びなさい。(2′× 5)

1. At this store, you can (   ) a desk with partitions on both sides by (   ) hour, so it is ideal for remote work.
   (A) borrow / a　　(B) lend / an　　　(C) rent / the　　(D) rental / one

2. I just (   ) managed to (   ) to the concert venue in time then.
   (A) barely / take it　(B) barely / make it　(C) hardly / get it　(D) hardly / make it

3. The number of Japanese TV stars who visit Hawaii (   ) sightseeing during the New Year's holidays (   ) recently been decreasing.

(A) for / has   (B) on / has   (C) for / have   (D) on / have

4. The traffic jam which (   ) on the highway yesterday was (   ) a faulty traffic light.

(A) caused / because   (B) happening / because of

(C) occurred / due to   (D) occurring / with

5. Foreigners often ask me why Japanese people sleep (   ) train, but I wonder (   ) we Japanese people overwork after all.

(A) by / when   (B) by a / whether   (C) on / why   (D) on the / if

V. 提示された日本語に合うよう、各英単語を並べ替えて、正しい英文を作りなさい。文頭など、必要な場合は、自分で考えて大文字にしなさい。また、句読点も忘れずに付けなさい。(3'× 3)

1. このクーポンは、2,000 円以上の購入にのみ使用できますので、ご注意ください。

Please (2,000 yen / can / for / more / note / only be / or / purchases of / that this / used / voucher / .)

....

....

2. CD や DVD を所有したいし、それらはずっと持っておけるので、僕は音楽や映画のサブスクは購入しません。なので僕はそれらを集める方が好きなんです。

Because I want to (buy / can keep / CDs and / don't / DVDs and / forever, I / movie / music or / own / subscriptions / them / .) That's why I prefer to collect them.

....

....

3. 世界トップクラスの治安の良さを誇る日本だからこそ、我々日本人は安心して電車内で居眠りできるのかもしれません。

Because (able to / be / boasts / Japan / of world-class / safety, we / Japanese / might) doze off on the train with peace of mind.

....

....

Unit 6
Advertisements

★「宣伝・広告」の英語をしっかり学びましょう！

現代ビジネスにおいては「宣伝・広告」の価値は凄まじく大きいです！「万人に自社の商品・商売を周知」させ、自社（製品）のイメージ・アップにも欠かせません。各企業の「宣伝広告費」の額を知ったら、皆、腰を抜かすかもしれません。なお、この分野には「求人広告」が含まれることも知っておきましょう。

I 日本語の意味に合致するものを選びなさい。

1. **ad(s)** （　　）
2. **advertising agency** （　　）
3. **job application form** （　　）
4. **marketing** （　　）
5. **promotion plan** （　　）
6. **public relations department** （　　）
7. **quota(s)** （　　）
8. **staff** （　　）
9. **training system** （　　）
10. **welfare program** （　　）

・a. エントリーシート
・b. 研修制度
・c. 広告代理店
・d. 広報部
・e. 市場調査［開拓；活動］（生産〜宣伝〜販売の方向づけの企業活動）
・f. ［集合名詞］（組織の）社員、職員、部員、スタッフ
・g. 宣伝、広告（advertisement(s) の短縮形）
・h. 販売促進計画
・i. 福利厚生
・j. 分担、割り当て、ノルマ

II 日本語訳を参考にして、適切な方の語句に〇を付けなさい。

Sales Staff Wanted

No experience is required! No educational background is required! Even the training system is ① (sustainable / substantial), so our company has an environment where you can work for a long time with ② (peace / safe) of mind. There are no ③ (serious / strict) quotas! Moreover, a commission-based salary system is also available based on your results, so you can work with ④ (satisfaction / enjoyment). In addition, our company is well-equipped with welfare programs for employees, so all the current staff work every day in a ⑤ (cheerful / light) atmosphere. As we are focusing on creating an environment where all employees can work ⑥ (comfortably / remarkably), there is almost no overtime work or holiday shift. If you have a family, you can also make sure you have plenty of time to spend ⑦ (together / with) them. Those who are confident in ⑧ (interacting / joining) with people and being able to have cheerful conversations are welcome.

（和訳）

営業スタッフ募集

経験不問！ 学歴不問！ 研修制度も充実していますので、当社には安心して長期間働ける環境が整っています。厳しいノルマもありません！更に、成果に応じた歩合給制度もありますので、やりがいを持って働くことができます。また、社員への福利厚生なども手厚いので、現スタッフは皆明るい雰囲気で日々働いています。社員全員が働きやすい環境づくりに力を入れていますので、残業や休日出勤もほとんどありません。ご家族のいらっしゃる方は、家族と過ごす時間もしっかり持つことができます。人と接することや明るく会話ができることに自信がある方を歓迎いたします。

 指示にしたがって、答えなさい。

A. 間違っている箇所に下線を引き正しい語句に書き換えなさい。2 語以上になる場合もあります。

1. 太郎は今エントリーシートの記入をしている。

Taro is writing a job application form now.　　　　　→ (　　　　　　　　　)

2. その学生は、私の友人の一人が最高経営責任者 [CEO]^{注)} である企業に応募する予定です。
注）CEO = chief executive officer

The student is going to apply for a company which CEO is one of my friends .

　　　　　　　　　　　　　　　　　　　　　　　　→ (　　　　　　　　　)

3. 就職活動を行っている時には、どんなスキルや資格を自分が持っているかを明確に述べましょう。

When you're finding a job, you should clearly state what skills and qualifications you have.　　　　　　　　　　　　　　　　　→ (　　　　　　　　　)

4. 求人広告の中にどのような内容を盛り込めば、有能な人材が応募してくれるだろうと悩んでいる採用担当者も実はいるのです。

In fact, some recruiters are worried about what kinds of contents to include in their job advertisements to get competitive personnel to apply.

→ (　　　　　　　　　　　)

5. 採用につながらない求人情報には、仕事内容が明確に書かれておらず、具体的でなく、わかりにくいといった共通点があります。

Job postings that do not lead to recruitment commonly share the factors that the job description is not clearly writing, not specific, or difficult to understand.

→ (　　　　　　　　　　　)

B. 選択肢から適切な語を1つずつ選び、必要なら正しい形にして、各カッコ内に書き入れなさい。いくつか、余分な選択肢があるので、注意しなさい。

6. 近年の広告媒体は次の二種類に大別することができます。すなわち、オンライン広告とオフライン広告です。

Advertising mediums (　　) (　　　　) years can be roughly (　　　　) (　　　) two types, as follows: online advertisements and offline advertisements.

7. オンライン広告とはWeb上で展開される広告媒体のことを指し、リスティング広告やディスプレイ広告、SNS広告などがこのタイプに含まれます。

The online advertisement (　　　) to advertising mediums that are (　　　　) on the (　　　), and this (　　) (　　　　) listing ads, display ads, and social media ads.

8. 一方、オフライン広告とは、テレビ、雑誌、新聞、看板などの媒体を利用してオフラインで展開される広告のことを意味します。

(　　) the (　　　) (　　　), the offline advertisement (　　　　) advertising mediums that are promoted offline by (　　　) media such as television, magazines, newspapers, billboards, and so on.

> **6~8 choices**　develop / divide / hand / in / include / into / mean / means / on / other / prefer / refer / recent / type / use / web

9. オンライン広告は、しばしばWebサイトへの集客を主たる目的として活用され、その広告から自社のWebサイトやSNSなどへ集客し、それらを経由して実店舗へと送客するのが通常のパターンです。

Online advertisements are (　　　　) used, as the main purpose, for (　　　　　) customers to websites, and their (　　　　　) pattern is to draw customers from advertisements to the company's website or SNS, and next, to (   ) customers to the physical retail store (   ) those websites.

10. オフライン広告にも様々なものがありますが、主要なものとして、4大マス広告―交通広告、屋外看板、屋外映像広告（＝デジタルサイネージ）、タクシー内広告― を挙げることができますが、これらは皆、古くからある伝統的な広告です。

There are (   ) types of offline advertisements, but the four main (   ) advertisements are (   ) as in the following: (   ) advertisements, outdoor billboard advertisements, outdoor displaying image advertisements [= digital signage displays], advertisements in taxis, which are all (   ) advertisements that have been (   ) for a long time.

9~10 choices around / attract / common / legendary / list / mass / math / often / send / traditional / transportation / various / via

---

IV 文法的に正しいものを4つのうちから、各々1つずつ選びなさい。

1. The advertising agency (   ) three months (   ) a sales promotion plan for the new product.

   (A) required / to lay
   (B) needed / laying
   (C) demanded / to lay out
   (D) spent / laying out

2. I'd like the people in managerial positions to devise creative advertising (   ) to make our products (   ) better.

   (A) plans / be sold
   (B) strategies / sell
   (C) scheme / to sell
   (D) tactics / will sell

3. The manager of the public relations department angrily asked the staff (   ) these advertisements had originally been intended for.

   (A) what   (B) who   (C) if   (D) that

4. In Japan, (   ) advertising tissue paper is often passed out (   ), but I have never seen such an advertising method overseas.

   (A) business / for free
   (B) corporation / tax-free
   (C) enterprise / free-lance
   (D) entrepreneur / free of charge

5. In the WBC qualifiers, Mr. Ohtani hit an extra-large homerun which (　　　) hit a huge advertising electronic billboard (　　) himself in the stadium.

(A) direct / show   (B) directed / showed

(C) directing / shown   (D) directly / showing   (　　)

Ⅴ 提示された日本語に合うよう、各英単語を並べ替えて、正しい英文を作りなさい。文頭など、必要な場合は、自分で考えて大文字にしなさい。また、句読点も忘れずに付けなさい。

1. 近年、インターネットの普及やIT技術の進歩により、「マーケティング」という言葉が持つ意味が少しずつ変化しています。

Recently, with (has / IT / the Internet and / "marketing" / meaning of / the progress of / the spread of / technolgy, the / the word) gradually changed.

注）「現在完了の『継続』」の文です。

....

....

2. 『マーケティング』にはさまざまな定義がありますが、やや広義に捉えると、それは「顧客の欲求を満たすために企業が行うあらゆる活動の総称」と言えます。

There are many different definitions of marketing, but in a somewhat broader sense, (activity that / "a general / be said / can / companies carry / every / it / out / term for / to be) to satisfy customers' needs."

....

....

....

3. 初めに、売れる商品・サービスを企画するためには、「お客様が求めているもの」を知ることが大切ですが、そのために行われるのが、「市場調査（マーケティングリサーチ）」です。

First of all, it is important (know / "marketing research" / planning / products and / services that / to / want" when / well, and / "what customers / will sell) is conducted for that purpose.

....

....

....

4. せっかく良い商品やサービスをつくっても、一般大衆に知ってもらえなければ物は売れません。そこで必要となるのが宣伝広告活動です。

注）「動名詞」で書き始めてみましょう／「そこで」so

Making a good product (a large / general public, / it becomes / lead to / not necessarily / or / sale unless / service will / to the / well-known) so advertising activities are necessary to accomplish that.

....

....

....

5. 市場調査（マーケティングリサーチ）とは、市場動向や自社商品の認知度や顧客のニーズを調べることで、その調査結果をもとに企業は、顧客に少しでも満足のいく商品を届けられるようにします。

注）「市場調査（マーケティングリサーチ）」の定義文になっています。（次頁の説明も参照）

Marketing research is the study of (and based / awareness of / companies can / customers' needs, / deliver / market trends, / on the / products / products, and / survey results, / the company's) that are as satisfactory as possible to customers.

....

....

....

....

◉ 「宣伝」・「広告」の違いとその類義語…①宣伝は「商品やサービスを購入してもらうための活動」のこと、一方、広告は「商品やサービスを認知してもらうための活動」を意味します。となれば、「宣伝広告」という合成語には、「商品やサービスを認知してもらい、購入にまで繋げる」という意味が発生します。ただ、英語でもこの2つをあまり意識して使っている人は多くないようです／② propaganda と public relations (PR)…プロパガンダ (propaganda) は「特定の主義・思想を政治的に宣伝すること」という意味合いが強い語。一方、ピーアール (public relations [=PR]) は、「客観的な事実を中立的に伝えるコミュニケーション」と定義され、「広報、渉外、世間受けのための活動」という意味になります。

◉ **advertisement** と **advertising**…これらも普段、あまり意識せずに使われている2語ですが、まず advertisement は、advertise「宣伝・広告する」という〈動詞〉に「接尾辞」-ment がついた〈名詞〉です。この -ment には「結果」の意味合いがあるため、advertisement は「宣伝・広告した（結果の）もの」というニュアンスがあります。一方、advertising は、advertise という動詞に -ing がついて、〈名詞〉化した語です。よって、advertising は、「広告しているもの」とか「広告する（した）こと」という意味合いになります。つまり、「広告する側から発信した『告知・広告』」ということなのです。

◉ マーケティング **(marketing)**…marketing は、中々一言で和訳できない語であり、いつも説明に窮します。以前はよく「市場調査」で済ませていたのですが、どうもそれだけでは済まない状況になっています。よって、ここできちんとした定義をすると、「製品やサービスの市場調査・開拓を行い、販売に至るまでの一連のプロセスのこと」で、「宣伝・広告等による市場の開拓から、価格決定、パッケージデザインの選定、更には売買、取引なども含まれる」となります。つまり、「市場調査・流通経路・広告なども含む製造計画から最終販売までの全過程」のことで、企業利益を生み出すのに欠かせない活動であり、商品やサービスが売れるための仕組みを作るときの全施策を指すわけです。

Unit 7
Business

★「ビジネス」は TOEIC® の「本丸」とも言えるテーマです

大学生の皆さんは、卒業後どこかの企業（会社）に就職する人が大半を占めるでしょうから、このテーマで英語を勉強することは最重要と言えるでしょう。しかし、最近のビジネス・シーン（business setting）は、グローバル化（globalization）に伴い、様々な変化が起きています。その辺に注目して学習をお願いします。

I 日本語の意味に合致するものを選びなさい。

1. **absence**	( )	・a.	（…を）預かって、（…の）担当の
2. **appreciate**	( )	・b.	暗号通貨、仮想通貨（= virtual currency）
3. **contact**	( )	・c.	感謝する（thank と違い、原則、目的語は「人」以外）；鑑賞する
4. **contract**	( )	・d.	［不可算名詞］休暇の許可、（願いによる）休暇（期間）
5. **crypto-currency**	( )	・e.	契約（書）
6. **identification (ID)**	( )	・f.	産業化、工業化
7. **in charge (of ~)**	( )	・g.	私事、私用
8. **industrialization**	( )	・h.	不在、欠勤
9. **leave** [n.]	( )	・i.	身分証明（書）（identity は「（精神的な）同一性、本人の正体、身元」）
10. **personal matter**	( )	・j.	［他動詞］（人と）連絡をとる（〈前置詞〉は原則不要）

II 日本語訳を参考にして、適切な方の語句に〇を付けなさい。

Dear Messrs. Willet Co., External Affairs Department

　We ①(appreciate / thank) your continuing support. I'm Shotaro Hatori, chief planner at Product Development Department of Liliam Dew Co., Ltd.

　I will be taking a long ②(paid / pay) holiday, so we have contacted you in advance here. I am sorry for my ③(personal / personnel) matter, but due to the birth

---

of our first child, I have decided to take childcare leave ④ (from / since) June 20.

During my ⑤ (absence / absent), our company's Saori Ninose will be in charge of matters. If you have any questions, please ⑥ (communicate / contact) her ⑦ (at / of) the following address. In addition, when you contact us, I would appreciate it if you would ⑧ (enter / put) me in CC.

Sincerely
Shotaro Hatori, chief planner,
Product Development Department, Liliam Dew Co., Ltd.

Absence period: June 20 (Tue.)–July 31 (Mon.)
Substitute person in charge: Saori Ninose
Email: SaoNino-se @lili-dew.com
Phone: 03-4928-5681

Postscript:
I will go to the office as usual until June 19 (Mon.). I have been told by the related organizations that from August 1 (Mon.), my child can be entrusted to a daycare center, I sincerely hope that your company will continue to do business with us. Thank you very much.

(和訳)

ウィレット株式会社 外渉部御中

　いつも大変お世話になっております。株式会社リリアム・デュー、商品開発部チーフ・プランナーの羽鳥章太郎です。
　この度、長期のお休みをいただくことになりましたので、事前にご連絡をさせていただきました。私事で恐縮ですが、私どもの第一子出産に伴いまして、6月20日から育児休暇を取ることになりました。
　私の不在期間中は、弊社の二瀬沙織が担当させていただきますので、何かございましたら以下のところまでご連絡くださいませ。尚、ご連絡をしていただく際は、私をCCに入れていただけますと幸甚に存じます。

敬具
株式会社リリアム・デュー

商品開発部チーフ・プランナー
羽鳥章太郎

不在期間：6月20日（火）〜7月31日（月）
代理担当者：二瀬沙織
メール：SaoriNino-se @example.jp
電話：03-4928-5681

追記：
6月19日（月）までは通常通り出社します。
8月1日（火）からは、子供を託児所に委託できると関係機関より聞かされております。これからも、お仕事をご一緒出来ますことを祈念しております。どうかよろしくお願い申し上げます。

III 指示にしたがって、答えなさい。

A. 間違っている箇所に下線を引き正しい語句に書き換えなさい。2語以上になる場合もあります。

1. 有価証券は、今日、昔よりもずっと貴重な書類となっています。

   Securities are very more valuable papers today than they used to be.

   → (　　　　　　　　　　　)

2. 現在の日本における経済状況は、昨年よりもますます悪くなっている。

   The current economical situation in Japan is becoming increasingly worse than last year.　　　　　　　　　→ (　　　　　　　　　　　)

3. 当時、その国ではインフレを抑制するためのほとんどの方策が既に取られていた。

   At that time, almost of the measures were already taken to curb inflation in that country.　　　　　　　　　→ (　　　　　　　　　　　)

4. 先進7か国の指導者たちは、5月に広島で会合を開くことになっています。

   The leaders of the group of seven industrious countries (G7) will meet in Hiroshima in May.　　　　　　　　　→ (　　　　　　　　　　　)

5. もしも西側諸国の多くがその戦争に対して効果的な対策を直ちに取らないと、世界情勢はますます悪くなるだろう。

   If many of the Western nations do not take efficient steps against the war immediately, the global situation will get worse and worse.

   → (　　　　　　　　　　　)

B. 選択肢から適切な語を1つずつ選び、必要なら正しい形にして、各カッコ内に書き入れなさい。いくつか、余分な選択肢があるので、注意しなさい。

6. 工業化の進展によって、仕事観が多様化する傾向にあるようです。

With the (　　　　) of (　　　　　　　　), it seems that (　　　) of work tend to be (　　　　).

7. 物価が毎年、高騰しているが、それにより我々の家計が圧迫されている。

(　　　　　) (　　　　) are increasing every year, which is (　　　　) our (　　　) (　　　).

8. 仮想通貨を使えば、様々な国々において、完璧な取引がより簡単にできるようになるでしょう。

(　　　) crypto-currencies will (　　　) it easier (　　) you to (　　　　) (　　　　) in different countries.

> **6~8 choices**　budget / commodity / compete / complete / diversify / diversity / family / for / industrialization / make / price / press / progress / transaction / use / view

9. コロナ禍は、世界中で物価の高騰をもたらし、その後の我々の生活を一変させた。

The coronavirus (　　　) (　　　　) about a (　　　) rise in prices all over the world, and (　　　　) changed our lives thereafter.

10. エネルギー価格高騰のため、毎月、日本では光熱費が値上がりしているとよく耳にしますが、これから私たちの生活はどうなるのか心配です。

As I often hear (　　　) (　　　) are (　　　　) in Japan every month due to rising (　　　) prices, I'm (　　　) (　　　) what will (　　　) to our lives from now on.

> **9~10 choices**　about / anxious / bring / competion / completely / cost / crisis / energy / expensive / high / happen / industry / soar / utility

Ⅳ 文法的に正しいものを４つのうちから、各々１つずつ選びなさい。

1. All employees of our company are (　　) to wear an ID card whenever they are working in the office.

   (A) acquired　　　(B) exquired　　　(C) required　　　(D) squared

2. Our firm always makes efforts to meet consumer (　　) by making a lot of commodities (　　) in cost.

   (A) demand / low　　　　　　　(B) necessities / law
   (C) provision / row　　　　　　(D) supply / raw

3. The second quarter earnings are expected to fall more significantly than the current forecast (　　) the sharp (　　) of the yen.

   (A) because / depreciation　　　(B) on behalf of / appreciation
   (C) due to / depreciation　　　　(D) for the sake of / anticipation

4. We have mailed our company's guidebook with a return envelope (　　), so please use the envelope to send your résumé and cover letter to us.

   (A) enclose　　　(B) enclosed　　　(C) enclosing　　　(D) to enclose

5. Please (　　) that all of our offices and factories except the Tokyo headquarters office will be (　　) for the New Year holidays from December 30th to January 3rd.

   (A) be informed / closed　　　(B) inform / close
   (C) be noted / vacation　　　　(D) note / closing

Ⅴ 提示された日本語に合うよう、各英単語を並べ替えて、正しい英文を作りなさい。文頭など、必要な場合は、自分で考えて大文字にしなさい。また、句読点も忘れずに付けなさい。

1. 前回お願いしたプロジェクトの資料は出来ていらっしゃいますか？

   (asked for / finished / have / making / the materials for / previously / the project / we / you / ?)

   注）〈関係代名詞〉which が省略されていますが、どこに入るか注意しましょう

   ....

   ....

2. 非常に申し上げにくいのですが、現時点では出来ておりません。が、明日の打ち合わせ時までには完成したものを必ずお持ちいたします。

It is extremely hard to say, but (been / definitely going / has / not /one / prepared / the finished / the material / yet. However, / to bring / we're) by tomorrow's meeting.

注)「非常に申し上げにくいのですが」It is extremely hard to say, but … ／日本語訳には出てこないが、「現時点では出来ておりません」の主語は何か、選択肢からよく考えなさい。

....

....

....

3. そうなのですか？ では、明日の打ち合わせ自体は、予定通りに実施するということで問題ありませんか？

注)「そうなのですか？」Oh, really? (Is that so? も可) ／「では」If that's the case, (Then も可)

Oh, really? If that's the case, (as / be / held / is / it / meeting itself / okay / scheduled / that / tommorrow's / will / ?)

....

....

4. はい、是非その方向でお願いしたいです。が、度々恐れ入りますが、午後 2 時のお約束を 3 時へと変更をお願いできますでしょうか？

注)「是非」by all means ／「（〜を）その方向でお願いしたい」I would lile to go with 〜（「方向」と聞くと、つい、direction を思いつくが、これは英文への直訳が聞かない典型例の一つ）

Yes, I would like to go with that plan by all means. However, (2:00 / appointment / change / could / feel / I / repeatedly ask / sorry to / time from / tomorrow's / you please / you this, but) to 3:00p.m.?

....

....

....

5. 承知しました。それでは、明日の午後3時に御社にうかがいますので、プロジェクトの資料のご準備をくれぐれもよろしくお願い申し上げます。

注)「承知しました」certainly; sure; I got it（「承知しました」も中々ぴったりくる英語表現が見つけづらいが、「相手の意向」を組みながら、しっくりくる表現にすべきである。

Sure, I got it. Then (3 p.m., so / at / company tomorrow / I'll / make / materials / please / prepare / sure to / the project / visit / your / .)

....

....

Column **6**

★ TOEIC® 必須のビジネス＆経済用語を理解しましょう

◉ **有給休暇**…「給料が発生しつつ労働が免除される日」の意味で、「有給」と「休暇」を組み合わせた言葉が「有給休暇」（略して「有休」）です。日本は、海外に比べて有給制度が脆弱だと言われていますが、欧米並みにしようと国家レベルで努力が続けられています。英語では "paid leave" と言われます（この leave は当 Unit の大問 I を参照のこと）。他に、"maternity leave"（「［女性の］出産育児休暇」）、"paternity leave"（「［男性の］育児休暇」）、"sick leave"（「［有給の］病気休暇」）等が挙げられます。

◉ **定年制度**…英語では "compulsory [mandatory] retirement age system" と言いますが、その定義は「雇用者と被雇用者の間で交わされる、一定の年齢に達した場合に雇用契約が終了する制度」のことを指します。アメリカでは "The Age Discrimination in Employment Act"（「年齢による雇用関係差別禁止法」）という法律により、雇用者は、雇用や労働条件等に関して年齢を理由に差別することが禁止されています。日本ではこれまで、企業でも公務員でも「60 歳定年」が普通でしたが、最近は、（特に働き手世代の）人口減少、働き方の多様化、終身雇用制度の崩壊、年金制度の破綻…等、様々な要因から 65 歳（以上）に定年が引き上げられる動きがあります。ちなみに、「（定年に関係なく）辞める」は "resign from [as] ~ "、「（定年で）辞める、引退する」は "retire from [as] ~ " と英語では言います。

◉ **economic と economical**…どちらも「経済的な」と訳せる、よく似た〈形容詞〉ですが、economic は、「経済学に関すること、または国の経済について述べる場合」に使われます。つまり、「マクロ経済学」的な〈形容詞〉なのです。一方、economical は、「お金を節約したり、投資した額に対して良い報酬が得られる場合等」に使われます。つまり、「家計（個人）や企業を最小単位として、行動や意思決定がなされる」こと等を扱う、「ミクロ経済学」領域の単語なのです。

◉ **supply and demand**…「需要と供給」と訳されるこの表現は、経済（学）の基礎中の基礎ですが、実は、日本語訳と単語の並べ方が異なっていることに気がつきましたか？ 並べ方通りに訳すなら「供給と需要」になりますが、英語では、あまり "demand and supply" とは言いません。「同格」や「対照」的な語を並べる時は、その言語の慣習に従うことが肝要です。日本では「白黒」と言うのに対して、英語では "black and white" と言ったりするのも、その好例です。このような事例を調べている英語学者によると、並べ方の相違は、日・英で 50％ほどに上るそうです。

◉ **その他必須のビジネス用語**…このところ、「円安」が続き、我々の生活に悪影響が出ていますが、「円安」は "depreciation of the yen" と言います。かつて、「バブル景気」に沸いた前後は「円高」が続き "Endaka" という「日本語」が英語化したこともありましたが、本来、「円高」は "appreciation of the yen" と言います。他に、「物価」は "(commodity) prices" と言います。末尾に「複数の -s」を忘れないこと。最後に「物価高」は "high cost of living"、「物価が上がる」は "The prices rise [go up]." と言います。

Unit 8
Finances

★「投資」「金融」「財政」のような『お金の動き』に関する英語

時代は Cashless の方向に向かっているのに、日本のキャッシュレス比率は経産省の2022 年最新データでは 36.0%（＝ 111 兆円相当）に過ぎません。世界の主要各国では既に 40 ～ 60% 台にまで上昇しています★。"Paypay" のようなスマホ決済の増加は当然の動きと言えます。そこだけにこだわらなくても、Finances の問題も TOEIC® の学習においても必須なことはお気づきのことでしょう。

★〈各国のキャッシュレス決済比率：韓国 (94.7%)、中国 (83.0%)、カナダ (62%)、オーストラリア (59%)、イギリス (63.9%)、スウェーデン (48.9%)、アメリカ (47%)、フランス (44.8%)、ドイツ (17.9%)…いずれも 2022 年までの数値です。

I 日本語の意味に合致するものを選びなさい。

1. **borrow** （ 　 ） ・a. ［名詞］貸し付け、ローン；［動詞］（金を）貸し付ける
2. **charge** （ 　 ） ・b. （金・物を）借りる（⇔ lend「貸す」）cf. rent は「賃借［貸］
3. **financial crisis** （ 　 ） 　　 する」
4. **fund(s)** （ 　 ） ・c. 業務（の処理）、取引　cf. deal は「（商売の）取引；（経済等
5. **loan** （ 　 ） 　　 の）政策、計画」
6. **pay** （ 　 ） ・d. 金融危機、財政危機
7. **payment** （ 　 ） ・e. （水道）光熱費
8. **refund** （ 　 ） ・f. ［名詞］資金、基金；［動詞］資金を出す　cf. raise は「（資金
9. **transaction** （ 　 ） 　　 を）調達する」
10. **utility cost** （ 　 ） ・g. 支払い（額）（「給料の支払い」の他、「借金等の支払い」の意
　　　　　　　　　　　　　　味もある）
　　　　　　　　　　　　・h. ［動詞］（金を）支払う；［名詞］給料、賃金、ペイ
　　　　　　　　　　　　・i. （金を）請求する、クレジットで買う
　　　　　　　　　　　　・j. ［名詞］返金；［動詞］返金する cf. reimburse は「返済［弁
　　　　　　　　　　　　　　済］する」

Return of Overpayments

Have you ever withdrawn cash by credit card? Or, have you ever ① (borrowed / lent) money from consumer financing companies and the like? If you have such experiences, you may be able to receive an "overpayment" back from the consumer finance companies or the credit card corporations. "Overpayment" is the interest that has been paid in excess of the ② (legal / regal) interest ③ (percent / rate) to cash advance companies such as consumer finance firms and credit card companies. In other words, the overpayment refers to "the interest you overpaid" in the past, and it is money that originally should have been ④ (returned / returning) to the person who borrowed from the financier. If you have the memory of having done it even a little, we ⑤ (demand / recommend) that you start ⑥ (by / with) a free diagnosis of your overpayments first of all.

There will be no expenses ⑦ (all / at all) from diagnosis to investigation, so you can rest ⑧ (assure / assured). From negotiating overpayments to collecting them, the process for refund will proceed smoothly by experts' research and request. Now is the time to deepen your knowledge of overpayment claims on Kingsfield Law Firm's website, and if you feel free to request reimbursement of your overpayments, we will be happy.

(和訳)

過払い金の返還

あなたは今までにクレジットカードのキャッシングをした経験がありませんか？または、消費者金融等でお金を借りた経験がありますか？ このような経験のある方は、消費者金融やクレジットカード会社から「過払い金」が戻ってくる可能性があります。「過払い金」とは、消費者金融やクレジットカード会社を始めとしたキャッシング業者に対し、法定金利を超えて支払われてきた分の利息のことです。つまり、過払い金は、あなたが過去に「払い過ぎた利息」のことで、もともと業者から借りた方に返されるべきだったお金なのです。少しでも身に覚えがあるのなら、まずは過払い金の無料診断がお勧めです。

診断から調査までは費用が一切かかりませんので、安心です。過払い金の交渉から回収まで、専門家の調査と依頼により、手続きがスムーズに運びます。今こそ、Kingsfield 法律事務所の website で過払い金請求に対する理解を深めて、ためらわずに過払い金の返還のご依頼につなげていただければ幸いです。

III 指示にしたがって、答えなさい。

A. 間違っている箇所に下線を引き正しい語句に書き換えなさい。2語以上になる場合もあります。

1. 私の姉は渋谷区の証券会社に勤めています。

   My elder sister works for a security company in Shibuya Ward.

   → (　　　　　　　　　　　　)

2. その業務委託契約には、多額の料金がかかります。

   A large fee has charged for the outsourcing agreement.

   → (　　　　　　　　　　　　)

3. その労働金庫は加入者に厚生資金を貸し出している。

   The workers' credit union loans out welfare funds to it's members.

   → (　　　　　　　　　　　　)

4. その顧客は、配送中に破損した商品の払い戻しを要求した

   The customer demanded a refund for the item that had been damaging in transit.

   → (　　　　　　　　　　　　)

5. 昔、貸金業者は、利息制限法を超える、いわゆる「グレーゾーン金利」を適用してお金を貸し付けていました。

   In the past, money lenders lent money by applying what is called the "gray zone interest rates" that exceeded to interest limitation laws.

   → (　　　　　　　　　　　　)

B. 選択肢から適切な語を1つずつ選び、必要なら正しい形にして、各カッコ内に書き入れなさい。いくつか、余分な選択肢があるので、注意しなさい。

6. 「カードローン」と聞くと、思い浮かぶのは「消費者金融」のことでしょう。また、同時に、そのような金貸し業者に対して怖いイメージを持っている人も少なくありません。

   If you hear the word "card loan," what (　　　　) to your mind will be "consumer finance firms." At the same time, (　　　　) a few people have a (　　　　) image of such financial companies.

7. 消費者金融を、今でもいわゆる闇金業者（ヤミ金）と混同している人もいるようです。そのため、カードローンそのものに、あまり良くない印象を持っている人が日本にはまだたくさんいるのが現状です。

   Some people seem to (　　　　　　) consumer finance firms with (　　　　　　) underground money dealers even now. For that reason, it is the (　　　　) that many people (　　　) have a bad impression of card loans (　　　　　).

8. しかし、現在の消費者金融は、国の法律に基づいて顧客に融資を行っており、借りすぎや多重債務が起こらないような仕組みにされているため、混同されがちな闇金業者とも異なります。

However, today's consumer finance firms are different (   ) illegal money dealers which are often easily confused (   ) them because they (   ) money to customers (   ) on national laws, and are designed to (   ) overborrowing and multiple debts.

> **6~8 choices** base / case / come / confuse / frightening / from / loan / oneself / prevent / quit / quite / so-called / still / until / with

9. 東京の国立科学博物館は、「標本・資料の収集・保管」が、コロナ禍や光熱費、原材料費の高騰により資金的に大きな危機に晒されているため、その目的を維持するために始めたクラウドファンディングが、8月9日の時点で総額5億円以上に達したと発表しました。

The National Museum of Nature and Science in Tokyo (   ) that its crowd-funding campaign, which had been created to (   ) the purpose of "collection and storage of specimens and materials" in a major financial crisis due to the novel coronavirus disaster, soaring (   ) costs, and rising (   ) material prices, (   ) more than 500 million yen in total (   ) (   ) August 9.

10. 同博物館の当初の目標金額は「当館史上最高額」の1億円に設定されていたものの、開始から9時間半という異例のスピードで目標額に達して、高い注目を集めていました。同プロジェクトは11日5日まで継続の予定です。

Although the museum's (   ) target amount was (   ) at 100 million yen, "the highest amount in the history of the museum," it had come up to the target amount (   ) an (   ) speed of nine and a half hours (   ) the starting time, attracting a lot of attention. The project is (   ) to continue (   ) November 5.

> **9~10 choices** announce / as / at / from / initial / maintain / of / off / raw / reach / row / schedule / set / still / until / unusual / utility

IV 文法的に正しいものを４つのうちから、各々１つずつ選びなさい。

1. To (   ) to the Ch & D Fund's installation mailing list, please be sure to write your required information in the application form first, and send an email to our website as an attached file.

   (A) describe   (B) inscribe   (C) subscribe   (D) transcribe

2. Any financing companies should (   ) necessary improvement measures to review their information management system.

   (A) adapt   (B) adjust   (C) bring   (D) take

3. Basically, the overpayment is money that you should not have paid, so the subject persons can (   ) refunds from cashing service providers.

   (A) rebuke   (B) recommend   (C) request   (D) regard

4. AY Pay is a service app that allows you (   ) easily and inexpensively with just a smartphone. The account registration is completed in (   ) one minute! It can be used not only for shopping in the city, but also for Internet services.

   (A) can pay / as early as   (B) pay / as much as
   (C) paying / as many as   (D) to pay / as little as

5. The other day, the Bank of Japan (   ) the upper limit of long-term interest rates from around 0.25 percent to approximately 0.5 percent. This revision of monetary policy attracted a lot of attention not only from investors in Japan, but also from (   ) in foreign countries.

   (A) raised / those   (B) rise / that
   (C) rose / them   (D) withdraw / the ones

V 提示された日本語に合うよう、各英単語を並べ替えて、正しい英文を作りなさい。文頭など、必要な場合は、自分で考えて大文字にしなさい。また、句読点も忘れずに付けなさい。

1. 金融政策って何ですか？——金融政策とは、中央銀行が物価を安定させるために行う政策のことを言います。

   What is monetary policy?—Monetary policy (bank to / a central / implemented by / policy / prices / refers / stabilize / to the / .)

注）「政策」policy（元々、不可算名詞だが、具体性を帯びると可算名詞として使えるので注意）／「〜のことを言う」refer(s) to 〜［「言及する」という意味しかないわけではありません］／「物価」(commodity) prices［必ず複数形になります］

....

....

2. 例えば、景気が悪くなって物が売れなくなり物価が下がってきた場合、中央銀行は、民間の銀行が所有しているお金の量を増やし、お金を貸し借りするときの金利が下がるようにするのです。

For example, when the economy gets worse and prices decline due to the inability to sell goods, (a / the amount / bank increases / central / lend / lowers / of money / possess, and / private banks / rates at / the interest / which they) and borrow money.

注）「物が売れなくなること」the inability to sell goods ／「中央銀行」(a) central bank ／「金利（＝利率）」interest rate(s)

....

....

....

....

3. 「金融緩和」とは、市場にあるお金の供給を増やして経済を活性化させる政策です。一方、市場におけるお金の供給を減らして経済の活性化を抑制する政策を「金融引締」と呼びます。

"Monetary easing" is a policy to revitalize the economy, increasing the supply of money in the market. On the other hand, a (called / economic / the market is / money in / policy that / reducing / restrains / revitalization by / the supply of) "monetary tightening."

注）「金融緩和」monetary easing ／「金融引締」monetary tightening

....

....

....

....

4. インフレが発生すると、通貨に対する信頼が低下し、様々な弊害が起こります。このような場合、物価上昇を抑制するために中央銀行は、市中の過剰な資金を吸収のため金融機関に国債や他の債券を売却し、市場金利の上昇を促します。

When inflation occurs, the confidence in currency decreases and various adverse effects arise. In such cases, in order to control the hike in prices, (a central / a rise / bank encourages / bonds or / government / in market / interest / other / rates by / securities / selling) to financial institutions to absorb excess funds in the market.

注）「〜が発生する」occur; arise ／「抑制する」→「制御する」control ／「国債」natinal bond(s); government bond(s) ／「債券」(≒証券) securities［いつも複数形］

....

....

....

....

....

5. 逆に、デフレが発生し、経済活動が停滞するような時には、中央銀行は経済活動を支えるために金融機関から国債や他の債券を買い入れて、市場の資金量を増加させたり、金利引き下げの政策を取ります。

Conversely, when deflation occurs and economic activities stagnate, (amount of / a central / bank takes / funds in / increase the / interest / measures to / rates / the market or / to lower) by purchasing government bonds and other securities from financial institutions to support economic activities.

注）「停滞する」stagnate ／「〜する政策を取る」take measures to 〜

....

....

....

....

★以下、TOEIC® 必須の「料金」や「お金」を表す名詞「一覧」を挙げておきます。

　［凡例：Ⓒ は「可算名詞 (=countable)」、Ⓤ は「不可算名詞」(=uncountable)］

account Ⓒ「勘定、会計；計算書；領収書；口座；預金高」／ **admission** Ⓤ「入場料；入会金」／ **allowance** Ⓒ「手当；小遣い」／ bail Ⓤ「保釈金」／ **balance** Ⓒ「(預金) 残高」／ **bill** Ⓒ「［英］勘定書、請求書 (=check ［米］)；［米］紙幣、お札 (=note ［英］)」／ **bond** Ⓤ「保証金、保釈金」／ **bonus** Ⓒ「ボーナス；特別手当；賞与」／ **buck** Ⓒ「［米・俗語］ドル (=dollar)」／ **budget** Ⓒ「予算」／ **capital** (Ⓤ だが、"a ~" ともできる)「資本金、元金」／ **cash** Ⓤ「現金」／ **change** Ⓤ「釣り銭；小銭」／ **charge** Ⓒ「請求 (金額)；(サービスに対して払う) 料金」／ **check** Ⓒ「［米］小切手 (=cheque ［英］)；(商品・レストラン等の) 勘定書、請求書」／ **commission** Ⓤ「手数料：使用料」／ **compensation** (Ⓤ だが、"a ~" ともできる)「賠償金；［米］報酬」／ **contribution**「(Ⓤ だが、"a ~" ともできる) 寄付；Ⓒ 寄付金」／ **cost** Ⓒ「経費、費用；(サービス・商品に支払う) 代価、価格」／ **credit** Ⓤ「信用貸し、クレジット；(銀行の) 預金 (額)」／ **currency** (Ⓤ だが、具体的には Ⓒ)「通貨」／ **damages** (「損害」の意味では元々 Ⓤ だが、複数形で意味が変わり、Ⓒ になる)「損害賠償 (額)」／ **debt** Ⓒ「借金」／ **deposit** Ⓒ「(銀行) 預金；手付金、頭金」／ **dollar(s)** Ⓒ「ドル」／ **donation** Ⓤ 寄付；Ⓒ 寄付金」／ **due(s)** Ⓒ「(複数形で) 会費；使用料」／ **earnings** Ⓒ「(複数形で) 稼ぎ高、所得」／ **euro(s)** Ⓒ「ユーロ (= EU 諸国の通貨)」／ **expenditure** (Ⓤ だが、具体的には Ⓒ)「支出；歳出」／ **fare** Ⓒ「運賃」／ **fee** Ⓒ「(医師、弁護士、学校、団体等に対して支払う) 料金；学費；謝礼；入会料」／ **finance** Ⓤ「財政；金融」；Ⓒ (複数形で)「財源」／ **fine** Ⓒ「罰金 (=penalty)」／ **fund** Ⓒ「資金；基金」／ **guarantee** Ⓒ「ギャラ」(=guarantee money; guaranteed fee)／ **income** (Ⓤ だが、具体的には Ⓒ)「収入」／ **investment** (Ⓤ だが、具体的には Ⓒ)「投資」／ **insurance** Ⓤ「保険金」／ **interest** Ⓤ「利息；利率 (=interest rate)」／ **lease** Ⓒ「借地 ［家］契約；賃貸権」／ **loan** Ⓒ「貸付金、ローン」／ mortgage (Ⓤ だが、具体的には Ⓒ)「担保；抵当 (金)；住宅ローン」／ **note** Ⓒ「［英］紙幣、お札 (= bill ［米］)」／ **outgo** Ⓒ「出費、支出」／ **pay** Ⓤ「(「給料」を表す最も基本的な語)「給料、賃金」／ **payment** (Ⓤ だが、具体的には Ⓒ)「支払い (金額)；納入」／ **penalty** Ⓒ「罰金 (=fine)」／ **pension** Ⓒ「年金」／ **peso(s)** Ⓒ「ペソ (=南米諸国やフィリピンの通貨)」／ **pound(s)** Ⓒ「ポンド (=英国の通貨)」／ **price(s)** Ⓒ「(品物の) 価格、値段；(複数形で) 物価；(単数形で) 代償、代価」／ **prize** Ⓒ「賞金」／ **profit** (Ⓤ だが、具体的には Ⓒ)「(金銭上の) 利益」／ **rate** Ⓒ「(一定の率に基づいた) 料金、値段」／ **remuneration** (Ⓤ だが、"a ~" ともできる)「報酬、報償」／ **rent** (Ⓤ だが、"a ~" ともできる)「家賃」／ **revenue** (Ⓤ または、複数形で)「収入；歳入」／ **reward**「(Ⓤ だが、具体的には Ⓒ) 報酬；Ⓒ 謝礼金、賞金」／ **salary** (Ⓤだが、具体的には Ⓒ)「(主に事務労働に対する) 給料；固定給；月給」／ **savings** Ⓒ「(複数形で) 貯金」／ **tax** (Ⓤ だが、具体的には Ⓒ)「税金」／ **toll** Ⓒ「使用税；(道路・橋などの) 通行料；［米］(長距離) 電話料」／ **tuition** Ⓤ「授業料」／ **value** (Ⓤ だが、具体的には Ⓒ)「価格；代価」／ **virtual currency** (Ⓤ だが、具体的には Ⓒ)「仮想通貨」(=**cryptocurrency** ［英］「暗号通貨」)／ **wage** Ⓒ「(主に肉体労働に対する時間決めの) 賃金、労賃；時 ［間］給」／ **yen** Ⓒ「円 (=日本の通貨)」「可算名詞だが、複数形にしない」／ **yuan** Ⓒ「元 (=中国の通貨)」「可算名詞だが、複数形にしない」

Unit 9
Management

★「経営」「管理」に関する英語を覚えよう

SNS 等の発達により、経営・管理の拙さはすぐに公になるため、現代は企業の管理・経営がますます難しい時代になりました。部下や客が行ったことであっても、「管理不足」として上級社員が責任をすぐ取らされることになります。そこに compliance（法令順守）まで突きつけられるのでは、果たして、企業の上席に居ることが「人生の成功」につながるのでしょうか？その辺を考えながら、このテーマの学習を行ってください。

I 日本語の意味に合致するものを選びなさい。

1. **administer** （　）・a. 監督者、管理人
2. **administration** （　）・b. （業務などを）管理する、運営する
3. **director** （　）・c. 管理（当局）、運営、行政、（大学などの）本部
4. **executive** （　）・d. ［形容詞］行政の、執行部の［名詞］（企業の）役員、重役
5. **manage** （　）・e. ［形容詞］経営者の、管理（者）の；経営（上）の、管理（上）の
6. **manager** （　）
7. **managerial** （　）・f. 経営する、管理する、どうにかして～する［+to～］
8. **subordinate** （　）・g. 残業する、超過勤務する
9. **supervisor** （　）・h. 支配人、経営者、部長、（スポーツチームの）監督
10. **work overtime** （　）・i. 取締役、重役、理事、（演劇の）演出家、［映画の］監督
　　　　　　　　　　　　　・j. 部下、従属者

II 日本語訳を参考にして、適切な方の語句に〇を付けなさい。

Change of Jobs in Management Positions

"Management" means "administration" or "operation of an organization," but in the ① (case / site) of business, it refers to the supervision of subordinates, members and projects in order to achieve good results within a company. In anticipation of these things above, if you still want to change your job as a manager, you need to keep the following in mind: [1] The first ② (appeal / appealing) point is the experience of educating and managing subordinates, because developing human resources is a very important element in corporate development. [2] The second ③ (sales / selling) point is the project management experience. In order to promote a project smoothly, you will have to make a plan, move people, and then manage its progress toward the goal while ④ (revised / revising) the plan as needed. [3] Your experiences in administrative positions within a ⑤ (former / front) company, such as "department manager," "section manager," "section chief," or the like also ⑥ (qualifies / relevant) as management experiences. In the job market, ⑦ (where / which) companies are recruiting capable workers who can immediately contribute to them, the title of a managerial positon will be your great ⑧ (strength / strong) to change your jobs.

(和訳)

管理職の転職

「マネジメント (management)」は「管理」や「経営」という意味ですが、ビジネスシーンにおいては、企業内で十分な成果を上げるための部下やメンバーやプロジェクトの管理のことを言います。こうしたことを見越した上で、それでも管理職として転職を希望するのなら、以下のことに留意する必要があります。—— [1] アピールポイントの１つ目は、部下の教育・管理経験です。人材育成は企業発展において非常に重要な要素だからです。[2] ２つ目のセールスポイントは、プロジェクトの管理経験です。或るプロジェクトを円滑に推進するためには、まず計画を立てて人を動かし、随時、計画を修正しながら目標に向かってその進捗管理をしなくてはいけないからです。[3]「部長」・「課長」・「係長」など、前に居た会社内で管理的な役職を務めた経験も、マネジメント経験に該当します。即戦力社員の採用を目指す転職市場では、管理職の肩書は転職の大きな強みとなるでしょう。

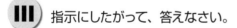 指示にしたがって、答えなさい。

A. 間違っている箇所に下線を引き正しい語句に書き換えなさい。２語以上になる場合もあります。

1. 弊社の社員は、休日に出社する場合は、必ず入室安全保障カードを使わなくてはいけません。

Our employees must use the access security card if they come to work in holidays.　　　　　　　　　　→ (　　　　　　　　　)

2. このネット掲示板は非正規社員を除く全ての従業員が使用することになっています。

This online bulletin board is supposed to use by all employees except non-regular workers.　　　　　　　　→ (　　　　　　　　　)

3. そういえば、御社は厳格な守秘義務の方針を取っているんですよね？ テレビで見ましたよ。

By the way, your firm has a strict confidentiality policy, right? I remember to see it on TV. → (　　　　　　　)

4. 弊社の CTO［最高技術責任者］は、その空港の建設事業を担当しています。

The CTO [chief technology officer] of our company is in the charge of a project for constructing the airport. → (　　　　　　　)

5. 万が一あなたが勤務時間外に会社の中で訪問客を待つことになったら、彼らの到着時刻を警備事務所に事前にご通知ください。

If you should wait for visitors in the office out of business hours, please notify the security office in advance of their arrive time. → (　　　　　　　)

B. 選択肢から適切な語を 1 つずつ選び、必要なら正しい形にして、各カッコ内に書き入れなさい。いくつか、余分な選択肢があるので、注意しなさい。

6. 企業における「マネジメント」とは一体何であるかを一言で表すならば、「経営・組織を管理する業務」となるでしょう。

If you (　　　　) what "management in a company" is in just a few words, you can say it is "the work of supervising business affairs and organizations."

7. 組織と個人の生産性向上は、事業成長のためには必要不可欠です。人事評価、採用、研修など、人材マネジメント分野の課題はますます増えています。

(　　　　) organizational and (　　　　) (　　　　) is essential for business growth. The number of issues in the field of (　　　) (　　　) management, such as personnel (　　　　), recruitment, training, and so on has been increasing more and more.

6~7 choices　evaluation / explain / human / improve / individual / prescribe / productivity / profut / production / resource / source

---

8. 学ぶことで生きるための知恵を身につけ、人は進化し、技術を革新させてきました。「学び」には終わりはありません。学び続けることで社会が抱えている諸問題の解決速度が速くなるのです。

(　　　　) the wisdom to live by (　　　　), people have (　　　　) to innovate their technologies. There is no end to learning. By (　　　　) to learn, the speed for (　　　　) problems with which the society is faced becomes faster.

9. 管理職としてバリバリ仕事をしている人の中にもマネジメントの本質を知らない人がたくさんいます。企業に対して、より大きな利益を生み出すため、有能な管理職のマネジメントとは何かを理解することが肝要です。

(　　　　) those who actively do their jobs as administrators, there are many people who do not know the (　　　　) of management. In order to produce greater (　　　　) for a company, it is (　　　　) to understand what (　　　　) directors' management is.

10. 管理職には多くの役割が求められ、自身の実務だけでなく、人と仕事を管理する能力が問われます。営業で優秀な成績を上げていた方が、管理職として必ずしも手腕を発揮できるわけではないのです。

Administrative managers are (　　　　) to play many roles, and not only their (　　　) business practices but also their ability to manage people and work is tested. Those who have achieved excellent results in (　　　) will not (　　　　) be able to show their (　　　) as managers.

> **8~10 choices** acquire / among / competent / competitive / continue / crucial / essence / evolve / learn / necessary / necessarily / own / profit / require / revolve / sale / skill / solve

Ⅳ 文法的に正しいものを４つのうちから、各々１つずつ選びなさい。

1. Managers must be careful (　　) make their subordinates die (　　) overwork.
(A) not to / from　　(B) not to / off　　(C) to not / from　　(D) to not / of

2. As an organization, the most important goal of a company is to (　　) a positive effect on society (　　) whole.
(A) give / as a　　(B) give / on the　　(C) have / as a　　(D) have / on the

3. The reason why companies need "management" is that the activity is (　　) for the (　　) development of the company.
(A) dispensable / subscriptive　　　　(B) indispensable / sustainable
(C) useless / substantial　　　　(D) unnecessary / succinct

4. Companies must provide existing human resources (　　) the appropriate opportunities so that they can (　) their abilities to produce great results.

(A) for / evaporate   (B) for / limit

(C) with / volatilize   (D) with / demonstrate

5. It is important for supervisors to realize that the responsibility the organization should (　) is not only to improve the business performance of their company, but also to "contribute to society" (　) management.

(A) make / though (B) owe / thought (C) take / through (D) shoot / thorough

Ⅴ 提示された日本語に合うよう、各英単語を並べ替えて、正しい英文を作りなさい。文頭など、必要な場合は、自分で考えて大文字にしなさい。また、句読点も忘れずに付けなさい。

1. その大きな政党所属の別の有名な国会議員がまた不祥事を起こしたが、それはまさに管理体制が杜撰（ずさん）な証拠である。

Another well-known Diet member belonging to a large (affair / again, which / evidence that the / is real / political party / management / caused / party has / a scandalous / a sloppy) system.

注)「国会議員」a Diet member ／「不祥事を起こす」cause a scandalous affair ／「杜撰な」sloppy（incompetent や poor でもよい）

....

....

....

2. 責任者として上に立つ人は不祥事が起きた時に「責任をとる」ためにいるのだから、党の総裁や幹事長は、すぐに潔く辞めるべきではないのか？

注)「上に立つ人」persons ranked above others ／「不祥事」a scandal ／「党の総裁」the president (of the party) ／「党の幹事長」the secretary-general (of the party) ／「潔く」bravely ／「辞める」resign ／「～するべきではないのか？」shouldn't ~? でもよいが、I wonder why ~. とすると文のすわりが良い。

Since persons ranked above others exist to "take responsibility" when a scandal occurs, (bravely resign / didn't / I wonder / president or / the party / the secretary-general of / why the) immediately.

....

....

....

3. まして、その政党には、いわゆる「危機管理」を教える学部を持つ大学に天下りした国会議員までいるのだから、開いた口がふさがらない。

注)「危機管理」crisis management ／学部 a faculty（もちろん、a department でもよい）／「〜に天下りする」be parachuted into 〜

Much more, in the political party there (are even / "crisis management," /

Diet members / faculty / has a / into a / parachuted / so-called / teaching /

university that / who were) so I'm at a loss for words.

....

....

....

4. しかし、「もって他山の石とすべし」と或る諺も述べているくらいだから、我々もあの政党を半面教師として模範にし、気を引き締めなければいけない。

注)「もって他山の石とすべし」Let this be an object lesson to you. ／「半面教師として」as a good example of how not to behave ／「模範」a good example ／「気を引き締める」brace oneself

However, even a proverb says, "Let this be an object lesson to you," so we

(a good / behave / brace / example of / how not / must / ourselves, using /

party as / that political / to / .)

....

....

....

5. それにしても、あの政党は何度不祥事を起こせば気が済むのだろうか？「組織」としての管理体制がどうなっているのか、知りたいものである。

注)「何度〜すれば」I wonder how many more times 〜 ／「気が済む」have it enough ／「〜はどうなっているのか？」what 〜 is like

Anyway, I wonder how many more times that party will have to cause scandals to be satisfied. (an "organization" / I / is like / know what / system as / their management / to / would like / .)

....

....

....

Column 8

● 「**管理 [監督] する**」…現代は「管理社会」だと言われますが、それは「管理 [監督] する」という英語の〈動詞〉の多様さにも表れています。各々、微妙にニュアンスは違うのは当然ですが、思いつくだけでも administer、conduct、control、direct、govern、manage、oversee、preside、superintend、supervise … と言った語が列挙できますので、是非、注意してください。

● **management**…当 Unit の表題にもなっている単語（〈名詞〉）ですが、ただ「経営」とだけ訳しているのでは困ります。以下に整理すると➡ [1]（会社などの）経営、管理、運営；[2]（集団としての）経営陣、経営者（側）、経営管理者たち；[3]（巧みな）取り扱い、操作；[4] 経営 [運営] 能力、経営の方法；経営学——等々の意味が挙げられます。中でも [2] の「経営陣、経営者（側）」の用法には注意しましょう。これは〈集合名詞〉なので、「集合体と考える」時には単数扱い、「構成要素の数を考える」時には複数扱いされることになります。〈集合名詞〉の用法はかなり厄介で、（悲しいことに）中学・高校の英語教員の中にもその用法をきちんと理解していない人がかなりいるのが現状です。例えば、英語で「人が集まった団体」を指す時には、その『枠組み』（単数）と『構成要素』（複数）のどちらも頭に入れてものを喋るというのが、英語の特徴の一つです。だから、「会社」を it でも they でも受けられるのは、そのためなのです。この "management"（「経営陣」）という語にも同じことが言えます。この単語が使われている時、それが単数としてなのか、複数としてなのかを、常に見極めておく必要があるのです。

● **会社・企業の役職**…日本の役職名とはかなり相違があり、「絶対にこうだ」とは言い切れないので、ご容赦いただきたいのですが、とりあえず役職の英語表記を以下に列挙しておきますので、お役立てください：「（役職の無い）平社員」…office worker(s); business employee(s) [salaryman* や OL*(= office lady*) は悪名高き和製英語なので使ってはいけません] ／「係長」…section chief ／「課長」…section manager [「係長」と「課長」の区別は難解です] ／「部長」…department manager／(executive) managing director／「専務」（または「常務」…executive managing director (EMD); senior managing director (SMD) [「常務」と「専務」の区別も難しいです] ／「副社長」…vice president／「社長」…president／「会長」…chairman; chairwoman; chairperson; chair [性差を感じさせないよう、今は後者の 2 語が好まれます] ／CEO（「最高経営責任者」）…chief executive officer [CEO に関連した役職の説明は、「Unit 13: Personnel」に回します]

Unit 10
Review 2 (Unit 6–9)

※以下の問題を解いて自分の理解度を確認してください。

I.（二択問題）　正しい方を一つずつ選び、○をつけなさい。(2′× 5)

/50

1. 正美は今エントリーシートの記入をしている。
   Masami is (filling out / writing) a job application form now.
2. その学生は、私の友人の一人が最高経営責任者 [CEO] である企業に応募する予定です。
   The student is going to apply for a job at a company (where / whose) one of my friends works as the CEO.
3. 広報部長は怒って、全スタッフに向かってこれらの宣伝広告は誰向けのものだったのかを尋ねた。
   The public relations manager angrily asked all the staff (what / who) these advertisements had been intended for.
4. このネット掲示板は非正規社員を除く全ての従業員が使用することになっています。
   This online bulletin board is supposed to be used by all employees (besides / except) non-regular workers.
5. 非常に申し上げにくいのですが、その資料はまだ出来ておりません。
   It is extremely hard to say, but the (staff / stuff) has not been prepared yet.

II.（穴埋め問題）　選択肢から適切な語を一つ選び、必要なら正しい形にして、各カッコ内に書き入れなさい。(1′× 11)

1. 日本では企業の広告用ティッシュペーパーをよく無料で配布しているが、海外ではそんな宣伝方法は見たことが無い。
   In Japan, (　　　　　) advertising tissue paper is often (　　　　) out (　　) free, but I have never seen such an advertising method (　　　　).
2. 当時、その国ではインフレを抑制するためのほとんどの方策が既に取られていた。
   At that time, (　　) of the (　　　　　) were already taken to (　　) inflation in that country.
3. コロナ禍は、世界中で物価の高騰をもたらし、その後の我々の生活を一変させた。
   The novel coronavirus crisis (　　　　) (　　　) a (　　　　) rise in prices all over the world, and (　　　　　) changed our lives thereafter.

> **Choices**　aboard / about / almost / bring / business / completely /curve /
> curb / expensive / for / high / measure / most / nothing / one / overseas / pass /
> time / subscribe / vehicle

III. （語句訂正問題）

間違っている箇所に下線を引き正しい語句に書き換えなさい。正答は 1 問につき 2 語以上になる場合があります。(2′× 5)

1. 管理職の人たちには、我が社の製品の売れ行きをより良くする独創的な広告戦略を立ててほしい。

   I'd like the people in managerial positions to devise creative advertising strategies to make our products be sold better.　　　　　　　　　 → (　　　　　　　)

2. 顧客は、配送中に破損した商品の払い戻しを要求した。

   The customer demanded that the shop refunded the money for the item that had been damaged in transit.　　　　　　　　　 → (　　　　　　　)

3. この企業の株などいかがでしょうか？——うーん、それは初心者の私には少し踏み出しづらいなあ。

   How about this company's stock?—Well, it's a little difficult for me in a beginner to take a step.　　　　　　　　　 → (　　　　　　　)

4. 管理者は、部下が過労死しないように気を付けなければいけません。

   Managers must be careful not to make their subordinates to die from overwork.

   　　　　　　　　　 → (　　　　　　　)

5. 一組織として企業の最大の目標は、社会全体に対して良い影響を与えることである。

   As an organization, the most important goal of a company is to have a positive effect on society on the whole.　　　　　　　　　 → (　　　　　　　)

IV. （四択問題）

カッコ内に入れるのに最も適切な語を、各々 4 つのうちから選びなさい。(2′× 5)

1. I'm awfully sorry to (　　) you, but would you mind (　　) two points about the project in question now?

   (A) bother / checking　　　　　　　　(B) brother / whether I will check

   (C) travel / my checking　　　　　　　(D) trouble / if I checked

2. If you hear the word "card loan," what (　　) to your mind will be "consumer finance firms." At the same time, quite a few people have a (　　) image of such financial companies.

   (A) comes / frightening　　　　　　　(B) happens / terrible

   (C) takes place / fear　　　　　　　　(D) occurs / afraid

3. The overpayment is money that you (　　) paid, so the subject persons can (　　) refunds from cashing service providers.

   (A) should / rebuke　　　　　　　　　(B) should have / recommend

   (C) should not have / request　　　　　(D) must have paid / regard

4. There is no end to (   ). By continuing to learn, the speed for solving problems
   (   ) the society is faced becomes faster.
   (A) learn / who   (B) study / whose
   (C) learned / which   (D) learning / with which

5. Another well-known Diet member (   ) a large political party caused a scandalous
   affair again, (   ) is real evidence that the party has a sloppy management system.
   (A) belong to / of which   (B) belongs to / what
   (C) belonged / that   (D) belonging to / which

V. 提示された日本語に合うよう、各英単語を並べ替えて、正しい英文を作りなさい。
   文頭など、必要な場合は、自分で考えて大文字にしなさい。また、句読点も忘れず
   に付けなさい。(3'×3)

1. 学ぶことで生きるための知恵を身につけ、人は進化し、技術を革新させてきました。
   Acquiring (have / evolved and / learning, people / live by / the / their technologies /
   wisdom to / innovated / .)

   ....

   ....

2. 駐車場経営は、未使用の土地を駐車場として貸し出して収益を得るので、比較的に楽な
   ビジネスかもしれません。
   Parking lot (be a / business because / by / can / easy / earn profit / land as /
   management / may / relatively / renting out / unused / you / your) parking lots.

   ....

   ....

3. もしも西側諸国の多くがその戦争に対して効果的な対策を直ちに取らないと、世界情勢
   はますます悪くなるだろう。
   If many (against the / effective / get / immediately, the global / nations do /
   not take / of the / steps / situation / war / Western / will) worse and worse.

   ....

   ....

Unit 11
Office

★職場 (workplace) としての「会社」の英語も重要です！

コロナ禍の数年間に「リモートワーク」や「テレワーク」のような言葉で呼ばれる「在宅勤務」（学生なら「在宅学習」でしょうか？）が一般化しました。その名残は今も少なからず残っており、今でも、「対面（勤務 or 授業）」と「在宅勤務 or 学習」が混在し、それが既に定着した感があります。これからの「会社勤め」を考える上で避けては通れないこのテーマの英語をしっかり勉強しておきましょう。

I 日本語の意味に合致するものを選びなさい。

1. branch office manager ( ) ・a. [不可算名詞] 在荷調べ、棚卸し；[可算名詞]
2. brokerage fee ( ) 在庫目録。棚卸し表
3. building janitor ( ) ・b. 支店長、支社長
4. directory ( ) ・c. 住所氏名録、商工人名録
5. drawer ( ) ・d. 職場、仕事場
6. headquarters ( ) ・e. 書類仕事、文書業務、書類事務
7. inventory ( ) ・f. 仲介手数料
8. remote work ( ) ・g. （机・タンスの）引き出し
9. paperwork ( ) ・h. ビルの管理人
10. workplace ( ) ・i. 本部、本社 [単複同形]
・j. リモートワーク、在宅 [遠隔] 勤務

II 日本語訳を参考にして、適切な方の語句に〇を付けなさい。

(In the office)

Man: Have you arranged for my business trip to London, Sayaka? It's almost 10 a.m. now.

Woman: Yes, don't worry. Everything is all right. Sean and I have already called ① (a taxi / taxi) to take you to the airport. I think it's about time that the taxi will arrive. It should arrive in front of this building at exactly 10 o'clock.

Man: I appreciate your efforts. It's a lot ② (easier / more easy) to get to the airport

---

that way. And I've uploaded paperwork to the cloud. I want you to finish the business document while I'm gone. See that all is well ③ (during / while) my absence!

Woman: I'm going to start working on it right after you ④ (leave / will leave), so please rest assured. I'll send you emails as needed when you're away on the business trip, but every morning I will contact you in the hotel through the screen with Skype at 8 local time in London to inform you ⑤ (of / that) a daily report on what is happening here at our Tokyo headquarters. It's better to actually talk about contents in detail. In Tokyo, the time then will be 4 p.m. The time difference ⑥ (both / between) Tokyo and London is 8 hours during the daylight saving time. It will be the time when a lot of day's business ⑦ (will pass / will have passed) here.

Man: It's best for me to ⑧ (be contacting / get contacted) from you through the screen at 8:00 in the morning, because I'll be able to go to the London office soon after that.

（和訳）

（オフィスにて）

男：沙也加、ロンドン出張の手筈は整えておいてくれたかね？　もうそろそろ午前10時になるぞ。

女：はい、ショーンと私で既に、あなたを空港に連れて行ってくれるタクシーを呼びました。そろそろ来ると思います。10時きっかりに、このビルの前に到着する筈ですよ。

男：感謝するよ。その方が空港まで移動するのはかなり楽だからね。それで、業務書類はクラウドに上げておいたからね。私がいない間に君にその業務文書を仕上げておいてほしいので、よろしく頼むよ！

女：あなたが出発したら、その仕事にすぐに取り掛かるつもりですので、ご安心ください。あなたが出張中は、随時メールを入れますが、毎朝ロンドンの現地時間の朝8時にホテルにスカイプにて、東京本社で起こっていることについての、その日の業務報告を画面を通じてお知らせ致します。実際に面と向かって話をする方が細かいところまで内容が伝わりますからね。東京では、その時の時刻は午後4時になります。夏時間の間のロンドンと東京の時差は8時間ですからね。こちらでは、その日の業務の多くが過ぎている時刻でしょうしね。

男：朝8:00に画面を通じて君から連絡をもらえるのは私にとっては何より素晴らしいよ。ロンドン支社には、それからすぐ出社できるからね。

III 指示にしたがって、答えなさい。

A. 間違っている箇所に下線を引き正しい語句に書き換えなさい。2語以上になる場合もあります。

1. この頃は、会社員は土曜日には会社に出勤しない。

Nowadays, business employees usually do not go to the company on Saturdays.

→ (　　　　　　　　)

2. 近頃はオフィス内で喫煙場所が無い会社の数が増えている。

Recently, a number of companies which does not have a smoking area for workers in the office has been increasing.

→ (　　　　　　　　)

3. 文学部に所属している山田教授の研究室は6階にあります。

The laboratory of Professor Yamada belonging to the Department of Literature is located on the 6th floor.

→ (　　　　　　　　)

4. その女性社員は、会社でいつも書類業務に追われています。

The female employee is always very busy with many paperworks in the office.

→ (　　　　　　　　)

5. 私の母は結婚前は、OLとして働いていました。

My mother worked as an office lady before getting married.

→ (　　　　　　　　)

B. 選択肢から適切な語を1つずつ選び、必要なら正しい形にして、各カッコ内に書き入れなさい。いくつか、余分な選択肢があるので、注意しなさい。

6. 事務所探しなら仲介手数料無料の弊社の「コンビニ・オフィス検索」が便利ですよ。弊社は東京23区を中心に約100,000棟以上についての物件データを保有しており、きっとお客様のニーズに沿えることと存じます。

If you are looking for an office, our "Convenience Office Search" is (　　　　　) with no (　　　　　) fee. Our company has (　　　) on more than 100,000 (　　　　　) in the 23 wards of Tokyo, which will definitely (　　　) the needs of our customers.

7. 事務仕事には、机と椅子が大事です。当社の製品なら、あなたにぴったりの快適な机をきっと見つけられます。引き出しが3段付きで、そのうちの1つの引き出しを施錠すれば全ての引き出しが自動的に閉まる、安心の特装机もご用意しております。更に、当社の椅子は座り心地が良い上に、キャスターが付いていて、座りながらの移動も簡単です。

Desks and chairs are important (   ) office work. Among our products, you will surely find comfortable desks (   ) for you. There are also special desks (   ) with three drawers, which provide security because all other drawers will automatically close if you lock one of them. Moreover, our chairs are also comfortable to sit (   ), and the attached casters make it easy for you to move around (   ) seated.

8. コロナ禍により、オフィス需要が徐々に減っています。その結果、リモートワークを導入する会社が増えて、私の知人の中にも、一月に 2 ～ 3 回しか会社に行かない人がたくさんいます。

Due to the coronavirus pandemic, the (   ) for offices has gradually been (   ). As a result, the number of companies that have (   ) remote work is (   ), and many of my (   ) go to the office only 2~3 times a month.

> **6~8 choices**   acquaintance / brokerage / convenience / convenient / data / date / decrease / demand / during / equip / for / increase / introduce / meat / meet / property / on / suitable / while

9. 日本の会社員 300 名以上に対して最近行われた「リモートワークに対する意識調査アンケート」は興味深い結果に終わりました。それによれば、8 割の会社員が、コロナ禍収束後もリモートワークの継続を望んでいるということです。

The recent "Remote Work Awareness Survey" questionnaire (   ) with more than 300 Japanese (   ) (   ) ended (   ) interesting results. According to the report, 80% of the targeted business employees want to continue to work remotely even after the pandemic (   ) over.

10. これからもリモートワークを希望する人は、例として次のような理由を述べています ──「通勤に時間と体力を奪われないから」、「職場より自宅の方が仕事に集中出来るから」、「コロナ禍前から家庭の事情でリモートワークを開始していたので、このまま継続したいから」等です。

People who want to do remote work from now on (   ) the following reasons, as examples: "Because I don't have to (   ) time and energy in (   )," "Because I can concentrate on work at home (   ) than at the (   )," "I had started remote work for family reasons before the coronavirus pandemic began, so I want to continue to do it as it stands," and so on.

9~10 choices   be / communicate / commute / conduct / office / stake / state / waste / with / well / without / worker / workplace

IV 文法的に正しいものを4つのうちから、各々1つずつ選びなさい。

1. Currently, the office building of our company is (   ) renovation, so no one can enter the place.

(A) during   (B) in   (C) in the center of   (D) under

2. The law firm moved to a new office building (   ) the expansion of (   ) legal services.

(A) before / our   (B) in front of / your
(C) previous / his   (D) prior to / their

3. Mr. Brown (   ) Mr. Johnson's desk in the office, because the director's post became (   ).

(A) handed over / vacancy   (B) inherited / vacation
(C) suceeded in / vacate   (D) took over / vacant

4. Sarah, can I ask a favor (   ) you? Because we must do (   ) for this office by tomorrow, I want you to help us with that.

(A) for / directory   (B) of / an inventory
(C) to / auditory   (D) with / mandatory

5. If the air conditioner in your office is (   ) with a better one, the annual utility cost of your company will surprisingly be (   ).

(A) charged / cheaper   (B) misplaced / more expensive
(C) replaced / reduced   (D) preplaced / more inexpensive

V 提示された日本語に合うよう、各英単語を並べ替えて、正しい英文を作りなさい。文頭など、必要な場合は、自分で考えて大文字にしなさい。また、句読点も忘れずに付けなさい。

1. 昨今、働き方改革が叫ばれており、多くの企業が「働きやすさ」という側面を改良する努力をしています。オフィスには社員のモチベーションを高める“装置”としての役割がありますから中でもオフィスデザインの改良は従業員たちへの心理的効果は大きいと言えます。

   In recent years, there have been (a lot / are / calls / efforts to / for promoting / improve / making / of companies / reforms, so / work style) the "ease of working" aspect. Improving office design can be said to have a great psychological effect on employees because the office has a role as a "device" to increase employees' motivation.

   ....

   ....

   ....

   ....

   ....

2. 社員が自由に使える多目的スペースをオフィス内に作ろうとしている会社が増えています。その目的は、ただ社員が快適に休憩を取れるようにするだけではなく、社員が部署や役職の垣根を超えて集まれるようにする、ということもあります。

   An increasing number of companies are trying to create multi-purpose spaces in their offices which employees can use freely. The goal is (allow them / also to / breaks / there, but / to come / comfortable for / employees / make it / not / only to / together / to take) across the borders of departments and positions.

   ....

   ....

   ....

   ....

3. 最近、安心して働ける環境づくりの一環として、多くの企業がオフィスに監視カメラを導入しています。オフィスに監視カメラを導入することで防犯対策の他にも様々なメリットがあるのです。

Nowadays, as part of their efforts to create safe working environments, many companies have introduced surveillance cameras in their offices. (advantages / besides / cameras in / has /crime prevention / introducing surveillance / measures / the office / various / .)

....

....

....

....

4. オフィス内でしばしば起こっているパワハラやセクハラ、マタハラなどの被害は、社員の休職や退職につながりかねない重大問題です。しかし、ハラスメントの報告や相談は、対応が難しく、解決されにくいようです。

注）「被害」damage（不可算名詞なので、複数形不可。（複数形 damages だと「損害賠償金」となってしまう）／「パワハラ」、「セクハラ」、「マタハラ」は全て和製英語。英語の正用法は順に、"abuse of authority [power]（＝「権力の濫用」），" "sexual harassment（「セクハラ」はこの語句を縮めただけ。[または 'molestation']（＝「性的嫌がらせ」），" "pregnancy discrimination（「＝妊娠差別」）"

Damage such as abuse of authority, sexual harassment, and pregnancy discrimination which often occurs (absence or / a serious / can lead / employees' / in / is / leave of / resignation / temporary / offices / problem that / to / .) However, reporting and consulting harassment can be difficult to deal with and not easy to solve.

....

....

....

....

....

5. ハラスメントの検証の際には、その現場をおさえた映像や、メモなどの証拠が必要となります。特に、監視カメラを設置して社内の映像を録画しておけば、ハラスメントの証拠を多く残すことが可能となるわけです。

注)「検証する」verify ／「証拠」evidence（evidence も不可算名詞なので、複数形不可。）

When verifying harassment, evidence such as videos and memos of the scenes is required. In particular, if (cameras are / installed / internal video / is / save a / lot / recordings in / of evidence / offices, it / possible to / surveillance / to record) of harassment.

....

....

....

....

Column 9

★会社・企業関連の語彙をしっかり覚えておきましょう！

◉ 「会社」・「企業」を表す主な英単語…agency（「代理店、取次店、仲介業者」。日本語の「旅行会社」や「広告会社」は、英語では "travel agency"「旅行代理店」や "advertising agency"「広告代理店」という言い方が一般的です。尚、"agent" は「仲介企業」と「仲介業者社員」の両方を指すことがあるので注意して下さい）/ business（ただの「ビジネス（商売）」だけでなく、「『営利団体』としての企業」という意味合いがあります。→ 例："small businesses"「中小企業」）/ business organization（「企業組織」の意味です）/ corporation（「社団法人」という意味合いです→〈形容詞〉corporate は「法人の」の意味になります）/ company（「会社」を表わす最も一般的な語です）/ enterprise（「企業（体）」の意味です）/ firm（二人以上の合資で経営されている「商社」・「会社」のことを言います。farm「農場」と間違えやすいので注意。また、"law firm" で「法律事務所」を表す時もあります）

◉ office と company…よく、語法問題でも出てきますが、"company" は「組織（体）としての会社」のことを言い、一方、"office" は「普段働く場としての会社」ということになります。なので、「会社に通勤する」を "go to the office" とは言えても、"go to the company*" とは言えないわけです。また、よく office を「事務所」と訳して終わりにする人がいますが、それを間違いとまでは言いませんが、「会社の働く場としての事務所」という意味ならば、許容範囲です。

◉ 「リモートワーク」と「テレワーク」…コロナ禍の間に多くの企業・団体・学校等で導入された、テレワーク（"telework"）とリモートワーク（"remote work"）ですが、その2語の間には、特に明確な違いはありません。「テレワーク」は "tele-"（「離れた」）と "work"（「働く」）、一方、「リモートワーク」は "remote"（「遠隔の、遠く離れた」）と "work"（「働く」）を組み合わせた「造語」だからです（ここで思い起こされるのは、"telephone" や "television" という単語でしょう。どちらも「『遠く』から『音』や『映像』を送る機械」だということに気づけた人は偉いです！）。ただし、日本テレワーク協会（そういう協会があるとは、今まで知りませんでした［笑］）の定義では、「『テレワーク』とは、ICT（＝ information and communication technology「情報通信技術」）を活用し、時間や場所にとらわれない柔軟な働き方」ということになっています。

Unit 12
Employment

★「就職」そして「雇用」に関する英語

大学生の皆さんは、卒業後どこかの企業（会社）に就職する人が大半を占めるでしょうから、このテーマで英語を勉強することも重要と言えるでしょう。しかし、最近のビジネス・シーン（business setting）は、グローバル化（globalization）に伴い、様々な変化が起きています。その辺に注目して学習をお願いします。

 日本語の意味に合致するものを選びなさい。

1. **career**	( )	・a. ［不況のため等で］（一時）解雇する
2. **dismiss**	( )	・b. ［一時的・個人的に］雇う、雇用する
3. **employ**	( )	・c. 解雇する、免職する (≒ fire)
4. **employee**	( )	・d. ［動詞］クビにする、解雇する (≒ dismiss)
5. **employer**	( )	・e. 経歴、履歴、生涯の仕事 ［*発音に注意］
6. **fire**	( )	・f. 雇用者、雇い主
7. **hire**	( )	・g. 就職口、（仕事の）空き
8. **lay off**	( )	・h. ［新入］社員を募集する；入れる（元は「新兵を募集する」の意味）
9. **opening(s)**	( )	
10. **recruit**	( )	・i. 従業員、社員
		・j. ［正式かつ継続的に］雇う、雇用する

II 日本語訳を参考にして、適切な方の語句に〇を付けなさい。

(On the phone)

Receptionist: Hello, this is Kyohwa Corporation.

Applicant: Hello, after seeing your job wanted advertisement on the "BizSearch" website, I'm calling your company. May I speak to the person in charge?

Receptionist: Yes, I'll ① (put / set) you ② (through / thought) to the department in charge now, so please wait a moment. […]

Person in charge: Hello, Renji Tamura is speaking. I'm in charge of ③ (adaptation /

---

recruitment). Can I help you?

Applicant: I'm very sorry to ④ (bother / scare) you while you're busy. I saw your job ad on the BizSearch website and have called you to ⑤ (apply / subscribe) for your company.

Person in charge: Thank you, but may I have your name first?

Applicant: My name is Kenta Nakajima.

Person in charge: Okay, I need to schedule an interview. What day will you be ⑥ (available / useful) next week?

Applicant: When it comes to next week, Monday and Wednesday afternoons would be convenient.

Person in charge: Then, could you come to our company's head office building in Suido-bashi at 2 p.m. next Wednesday?

Applicant: Yes, that's fine. I look forward to seeing you on Wednesday at 2 p.m.

Person in charge: Well, then, when you ⑦ (arrive / will arrive), please tell the receptionist about your purpose, and be sure to ⑧ (bring / take) your résumé with a photo. Do you have any other questions?

Applicant: Is it correct that this recruitment is not for a dispatched worker, but a contract employee?

Person in charge: Yes, exactly, there is no doubt about it.

Applicant: Well, thank you very much. I'll see you then.

(和訳)

(電話で)

受付係：はい。俠和株式会社でございます」

応募者：もしもし、ビズサーチというウェブサイトで御社の求人広告を見てお電話を差し上げました。担当の方はいらっしゃいますでしょうか？」

受付係：はい、ただ今担当部署にお電話をお回ししますので、少々お待ちください。［中断］

担当者：お電話変わりました。採用担当の田村蓮司です。ご用件をお伺い致します。

応募者：お忙しいところ失礼いたします。ビズサーチのウェブサイトの求人を見て、御社に応募致したくお電話した次第です。

担当者：ありがとうございます。では、まずお名前をお伺いしてもよろしいでしょうか？

応募者：私は中島健太と申します。

担当者：では、面接の日程を決めたいのですが、来週のご都合はいかがでしょうか。

応募者：来週でしたら月曜日と水曜日の午後なら都合がつきます。

担当者：それでは、水曜日の14時に、水道橋の弊社・本社ビルにお越しいただくことは可能でしょうか？

応募者：はい、大丈夫です。それでは水曜日の 14 時にお伺いします。
担当者：では、お越しの際には、まず受付に御用の向きをお話ししてください。それから、
　　　写真付きの履歴書を必ず持参してください。他に質問などはございますか？
応募者：この募集は派遣社員ではなく、契約社員ということで間違いないでしょうか？
担当者：はい、その通りです。間違いございません。
応募者：それでは、よろしくお願いいたします。失礼いたします。

III 指示にしたがって、答えなさい。

A. 間違っている箇所に下線を引き正しい語句に書き換えなさい。2 語以上になる場合も
あります。

1. ショーンは料理が下手だったので、そのレストランを解雇された。

   Sean was hired from the restaurant because he was a bad cook.

   →（　　　　　　　　　　）

2. リンダは最近失業したので、今、ウェイトレスのアルバイトをしています。

   Since Linda is lost her job recently, she is working part time as a waitperson at a

   family restaurant now. →（　　　　　　　　　　）

3. 私たちの周りの多くの学生たちが、添え状の中で自分自身のことを書くことに困ってい
   ます。

   Many students around us are having trouble to write about themselves in the cover

   letter. →（　　　　　　　　　　）

4. その大学の就職支援センター（就職部）は、学生たちが職を得られるように支援しています。

   The career support center of the university greatly helps their students so that they

   can obtain employments. →（　　　　　　　　　　）

5. あの会社は緊急に、外国語の運用能力に長けた新しい社員を 2 人募集する必要がある。一
   人は英語が堪能で、もう一人は中国語が流暢でなければならない

   That company urgently needs to recruit two new employees who have a good

   command of a foreign language: one should be good at English, and another must

   be fluent in Chinese. →（　　　　　　　　　　）

B. 選択肢から適切な語を 1 つずつ選び、必要なら正しい形にして、各カッコ内に書き入
れなさい。いくつか、余分な選択肢があるので、注意しなさい。

6. 経済成長が伸び悩み、失業率が高い期間が長く続いているのは、由々しき事態である。

   It is a very grave situation that (　　　　　　) growth remains (　　　　　　) and high
   (　　　　　　)(　　　) have also (　　　　) for a long time.

7. 我が社は、これから業績を伸ばすために、他社に所属している有能な人材を積極的に抜擢登用する必要がある

In order for our company to increase our (　　　　) (　　　　　) in the future, we need to (　　　　) (　　　　) and employ (　　　　) employees belonging to other companies.

8. 次の G7 サミットは特に重要なので、議長国である我が国は数か国語の優秀な通訳たちを雇わなければいけない。

Because the next G7 summit (　　　　) will be (　　　　) important, we, as a hosting country, must (　　) excellent (　　　　　) in several languages.

> **6~8 choices** actively / business / economic / economical / especially / fire / hire / interpreter / last / late / meeting / performance / rate / select / sluggish / talent / unemployment

9. 「リストラ」という語は、日本ではほとんど「解雇」の意味でしか使われていないように思えるが、実は、元々「社内の構造を編成し直す」という意味であり、その中に「社員の解雇」も含まれているに過ぎないのである。

The word "restructuring" is usually used only in the sense of "dismissal" in Japan, but in fact, it (　　　　　) meant "reorganizing the (　　　　) (　　　　) of a company," in which the meaning of "dismissal of company employees" is only included, too.

10. 有給休暇の取得可能率は会社の雇用契約書に規定されているのだが、困ったことに、私の夫はどういう訳かそれを取ることが中々できないのである。

The rate at which employees at the (　　　) can take (　　　) (　　　　) is (　　　　) in the employment (　　　　　), but for some reason or other to his annoyance, my husband is not (　　　　) to take it.

> **9~10 choices** allow / arrow / contact / contract / employee / farm / firm / internal / leave / originally / paid / salary / stipulate / structure

文法的に正しいものを４つのうちから、各々１つずつ選びなさい。

1. Due to the coronavirus pandemic, the company was (   ) to (   ) many employees.

   (A) compelled / lie off   (B) forced / lay off

   (C) obliged / default off   (D) supposed / template off

2. There were several (   ) in the general affairs department of our company, which was inundated with contacts from job (   ).

   (A) caves / veterans   (B) cavities / candidacies

   (C) hollows / applications   (D) openings / applicants

3. Ayaka was looking for a job (   ) to her ability, and finally received a (   ) offer of full-time employment from an advertising agency.

   (A) addicted / contemporary   (B) diversity / lucrative

   (C) hostile / momentary   (D) suitable / tentative

4. Many new competent people (   ) our company each year, as a result of our efforts to (   ) more new employees.

   (A) enter / visit   (B) join / recruit   (C) insert / invite   (D) sink / collect

5. When Toyota Motor Corporation (   ) a "recall problem" in the United States, Japan's unemployment rate (   ) a postwar record.

   (A) caused / hit   (B) happened / made

   (C) occurred / became   (D) took place / archived

V 提示された日本語に合うよう、各英単語を並べ替えて、正しい英文を作りなさい。文頭など、必要な場合は、自分で考えて大文字にしなさい。また、句読点も忘れずに付けなさい。

1. 会社の求人に申し込む時には、絶対に嘘をついてはいけません。

   (a job / a lie / apply / company, you / never / for / should / tell / when / you / in a / .)

   ....

   ....

2. 雇用主は、あなたが提出する履歴書や添え状の情報をしっかり検討し確認しますからね。

注）「雇用主」→ここでは「（将来自分の使えることになるかもしれない）雇用主」とせよ／「履歴書」résumé ／「添え状」cover letter（就職活動において、挨拶を述べるために履歴書の他に提出する文書のこと。中で、自分の「アピール」も行える）／「しっかり」carefully

(carefully check / cover / employer will / in the / the information / letter you / prospective / résumé and the / your / to confirm) submit.

....

....

3. 万が一、その嘘がバレたら、あなたのその後の経歴に傷が付くし、あなたは一生涯「嘘つき」というレッテルが貼られるかもしれませんよ。

注）「一生涯」は、この場合、「残りの人生の間中」と考えよ／「〜というレッテルが貼られる」be labeled as 〜

If (as / be / be / career and / damage / labeled / a "liar" / revealed, it / should / the lie / will / your future / you may) for the rest of your life.

....

....

4. 無能社員を一人解雇したいのだけど、顧問弁護士に確認するにはどうしたらいいかな？

注）「顧問弁護士」one's corporation lawyer

(consult / corporation / do I / how / I / employees, but / lawyer / one of / our incompetent / to dismiss / want / with our / ?)

....

....

5. そうは仰いますが、経営者であるあなたは法令順守を徹底してから行動しないと痛い目に遭いますよ。軽率な行動は絶対に慎んでくださいね。

注）「そうは仰いますが」→「それはあなたの考えかもしれませんが」と言い換える／「経営者であるあなたは」→「経営者としてあなたは」と言い換える／「痛い目に遭う」get burned（←「炎上する」の感覚に近いかもしれません。"get hurt" も可）／「法令順守を徹底する」ensure thorough compliance with all laws and regulations

That may be what you think, but you, as a manager, (act after / all laws / and regulations / burned if / compliance with / ensuring / get / thorough / will / you do not / .) Please refrain from acting thoughtlessly.

....

....

....

Column 10-1

● 「就職」と「就職活動」に関係する語句をしっかり憶えておきましょう…「就職活動をする」に相当する最も一般的な言い方は、"look for a job" です。"a job" の代わりに "work" を使ってもいいのですが、ただし work は「仕事」という意味では〈不可算名詞〉になるので、a を付けたり、複数形にしたりすることはできません。他にも「就職活動をする」は "do job hunting," "go on job hunting," "conduct job-search activities," "hit the job market," 等の言い方があります。一方、「就職する（＝就職が決まる）」には "find a job," "find employment," "find work," "get a job," "get work" 等の言い方があります。尚、ここで注意しておきたいのは、"look for" と "find" の区別です！「look for ≠ find」です！日本語では結構、「探す」と「見つける」の区別が曖昧なので、それを英語に当てはめてしまうことから起きる現象なのでしょうが、"look for" はあくまで「（見つからないものを）探す」の意味です（"look for ~ " = "try to find ~ " です）。ここで使われている〈前置詞〉は「要求の for」といって、"ask for ~ "「（～をくれと）要求する」の for です。そこから考えても、「企業の職を求めて活動している」という意味が出てくるのが分かるでしょう。一方、"find" は現在形であったとしても『見つかっている』ことが前提となる単語なのです！「find は進行形にしてはならない」とよく教わりますが、これも正確ではありません。実は、find は一応「進行形」にしても良いが、意味が大きく変わってしまうのです。→ "be finding ~ " には「～を繰り返し見つける」という意味が出てきてしまうのです（例：The archaeologist was finding dinosaur fossils there.「その考古学者は、そこで繰り返し［何度も］恐竜の化石を見つけました」）。だから、もしも、「就職活動をしている」という意味で、"I'm finding a job.*" と言ったなら、「私は、一つの仕事（？）を何度も見つけた」という変な意味になってしまうからです。

Column 10-2

◉「雇用」にまつわる単語…これで全部 OK などとは言いませんが、以下に挙げる語句は皆憶えてしまいましょう！➡「就職課（部）」…最近の大学等で使われている一般的な言い方は "career center," "career development center," "career support center" 等です／「エントリーシート」…job application form（"entry sheet" は和製英語です）／「履歴書」… résumé（フランス語由来なので、e の上にアクサンテギュ (´) が付けられることが多いです）／「添え状」… cover letter（企業に履歴書等の応募書類を送る時に同封する「挨拶状」のこと。ただし、採用担当者が最初に目にする文書であり、自分をアピールし、相手に強く印象付ける、一種のツールにもなります）／「インターン」… internship（学生が就業前に企業などで「就業体験」をすること。尚、「インターンをしている人」は "an intern" と言います）／「面接官（面接担当者）」と「（被）面接者」…「面接官（面接担当者）」は "interviewer(s)"、一方、「（被）面接者」は "interviewee(s)" と言います（「接尾辞」-er と -ee で立場が異なるのは、"employer"（「雇い主」）と "employee(s)"（「従業員」）のときと同じです）／career …とりあえず「仕事」と訳すしかありませんが、実は、「生涯、経歴、履歴、（特別な訓練を要する）職業、生涯の仕事」など多様な意味があり、厄介な英単語です。また、日本語では、よくこの語を「キャリア」と言いますが、実は、[kəríər] というのが正しい発音で、「カリァーー」と言った方が正しいのです。「キャリア」([kǽriər]) という発音だと、"carrier" となり、「何かを運ぶもの」、中でも特に「ウィルスや細菌を運んでいる人」、すなわち「保菌者」という意味になってしまうので、注意が必要です！ それから、"career woman" [kəríər u:mən]（「職業婦人」）は、一応、正しい英語なのですが、女性の社会進出が当たり前になった昨今では、「死語」と成りつつあり、また、軽蔑的も聞こえるので、使わない方が無難です。ちなみに、この語を日本語風に「キャリア・ウーマン」([kǽriər u:mən]) とは発音しないこと！ "carrier woman"（「保菌者女性」）と聞こえてしまい、大変なことになりますので、「カリ（ー）ア・ウーマン」と発音しなければいけません。

Unit 13
Personnel

★「人事」も、TOEIC® 必須のテーマです

「人事」は、前 Unit で扱った「雇用」や「解雇」だけでなく、社内の「異動」、「従業員の評価・昇進・降格」等、社内活動全般に関わるテーマです。よって、TOEIC® に頻出なのも当然でしょう。このことを十分に意識して、本 Unit では学習を進めてください。

I 日本語の意味に合致するものを選びなさい。

1. **applicant** ( ) ・a. ～から降格する
2. **be demoted from ~** ( ) ・b. 候補者、志願者
3. **be promoted to ~** ( ) 　（≒ applicant）
4. **be transferred to ~** ( ) ・c. 出願者、応募者
5. **candidate** ( ) 　（≒ candidate）
6. **personnel changes [reshuffle; transfer]** ( ) ・d. 人材、人的資源
7. **human resources [personnel] department** ( ) ・e. 人事部
8. **personnel department manager** ( ) ・f. 人事異動
9. **human resources** ( ) ・g. 人事評価
10. **personnel evaluation [appraisal]** ( ) ・h. 人事部長
　　　　　　　　　　　　　　　　　　　　　　　・i. ～へ昇進する
　　　　　　　　　　　　　　　　　　　　　　　・j. ～へ転動する

II 日本語訳を参考にして、適切な方の語句に○を付けなさい。

Management Position Available ★

　Our Product Development Department is currently ① (searching / seeking) an upper middle level manager who ② (occupies / possesses) excellent skills. We need a person who is ③ (attentive / attractive) to details, has original ideas as well as a good sense of planning, and possesses excellent writing and conversation skills. Reporting directly to the General Manager of the Product Development Department, this person, as the "Chief Planner," is ④ (chargeable / responsible) for project

---

development, including planning, management of employees, collaboration with departments related to public relations and sales promotion, participation in special events, and ⑤ (contributing / fundraising). As mentioned above, this person should be enthusiastic not only in management and operations but also in sales and public relations, and management experience in marketing and telecommunications operations is ⑥ (desirable / exploitable). DTP★ proficiency ⑦ (requiring / required). Must have good knowledge of word processing, Excel, and graphics apps. Master's or doctoral degrees are not required, but only university graduates are ⑧ (eligible / entitle).

※ For inquiries and applications, please contact Ryōichi Matsumae, Recruiting Officer of the Human Resources Department of Fine Chevon Inc. at the following phone number, or the email address below:
Email: ryo-1-matsu@Fine-Chevon.com
Phone: 03-3284-5372 (Extension No. 710)

（和訳）

管理職募集★

弊社の商品開発部では，高い能力を有する上級中間管理職を現在、募集しております。細部にまで気配りができ、独創的な考えや企画立案のセンスを有し、かつ優秀な文章力・会話力を有する人材を求めています。商品開発部長直属のポジションで、「チーフ・プランナー」として、企画立案、部署直属社員の管理、広報活動・販売促進関連部署との連携、特別行事への参加，資金調達を含むプロジェクトの開発の責任を負います。上記の通り、管理運営のみならず販売・広報にも熱心であること、マーケティングおよび通信業務における管理の経験もあることが望ましい。DTP★の熟練技術必須。ワープロ・アプリ、エクセル・アプリ、およびグラフィック・アプリの十分な知識があること。修士・博士の学位の有無は問いませんが、大卒に限ります。

※お問い合わせと応募は、以下の email アドレスか電話番号にて、ファイン・シェボン人事部求人担当、松前涼一（まつまえ りょういち）までお願いします：
Email: ryo-1-matsu@Fine-Chevon.com
電話：03-3284-5372（内線番号：710）

★available には、このように「利用できる」→「好ましい」から、「募集中」の意味にまで使用できる／★DTP … "Desktop Publishing" の略で、パソコン上で印刷物のデータを制作すること。日本語訳として「机上出版」や「卓上出版」と呼ばれる。

III 指示にしたがって、答えなさい。

A. 間違っている箇所に下線を引き正しい語句に書き換えなさい。2語以上になる場合もあります。

1. その企業の社長は、従業員のため福利厚生施設の充実を図るようにすべきである。

The president of the company should try to examine welfare facilities for their employees. → (   )

2. 女性を管理職に積極的に登用することは、日本の将来の課題の一つであろう。

To actively promote women to managerial positions may be one of the challenges faced Japan's future. → (   )

3. 人件費を抑制しないと、御社の業績は更に悪くなると推測されます。

It is presumed that if personal expenses aren't reduced, the performance of your firm will worsen further. → (   )

4. 彼女の義理の息子は、長い間海外赴任を希望していたが、最近彼の勤めている会社の海外支社へ転勤することになった。

Her son-in-law, who has long wanted to go abroad, has finally been transferred to an abroad branch of his company recently. → (   )

5. 彼女は最近新しい部署に異動しましたが、あの会社は人事異動が多いことで悪名高いのです。

As she was recently transferred to a new division, that company is notorious for the fact which it carries out many personnel reshuffles. → (   )

B. 選択肢から適切な語を1つずつ選び、必要なら正しい形にして、各カッコ内に書き入れなさい。いくつか、余分な選択肢があるので、注意しなさい。

6. 我が社の人事部長は、今年もたくさんの就職志願者の面接をしました。

The (   ) (   ) department manager of our company (   ) interviews with many (   ) (   ) this year as well.

7. 君が本当に我が社へ入りたいなら、私から人事部長へ口添えをしてあげようか？

注）「〜へ口添えをする」→「〜に対して君のための良い言葉を差し入れる」と言い換える。

If you're really (   ) in (   ) our company, shall I (   ) in a good (   ) for you with the (   ) department manager?

8. 恥ずべきことに、その大学内では、このところの一連のスキャンダルにより、大規模な玉突き人事が行われました。

注）「玉突き人事」→「次から次への人事異動」と言い換える。

Due to a (　　　) of scandals (　　　) that university these days, they made personnel (　　　) on a large (　　　) one (　　　) another.

> **6~8 choices**　after / applicant / before / conduct / human / interest / job / join / personnel / personal / put / resource / scale / series / transfer / within / work / word

9. 人事部長より、重要なお客様に関するたくさんの個人情報の取り扱いには十分注意するようにと言うお達しが全社員にありました。

注）「…に〜というお達しがある」→「…に〜しろと忠告する」と言い換える。

Our chief of personnel (　　　) has advised all (　　　) to be very careful about the (　　　) of many (　　　) of (　　　) information about our valuable customers.

10. 申し訳ありません。失礼は重々承知しておりますが、私は自分が会社で今どのように評価されてるのか知りたいので、私の人事評価の結果を見せていただくことは可能でしょうか？

I'm awfully sorry. I'm fully aware this is very (　　　), but I'd like to know how I am (　　　) now in the company, so would it be (　　　) for me to see the (　　　) of my (　　　) appraisal?

> **9~10 choices**　administration / administrative / appraisal / evaluate / handling / personal / personnel / piece / possible / result / rude

Ⅳ　文法的に正しいものを4つのうちから、各々1つずつ選びなさい。

1. He had something to say (　) the matter, so he (　) accept his demotion at any cost.

(A) for / would not have　　　　(B) on / should not have

(C) to / had better not　　　　(D) about / would not

2. I introduced (　　) a plum post-retirement job, which will be secured for the retiring official after he (　　) a civil servant.

(A) him / retires from　　　　　　(B) him / will retire from
(C) to him / retires as　　　　　　(D) to him / will retire as

3. Indeed employees have to constantly compete with one another for a (　　), but you should deserve it now if we take into (　　) the hard tasks you have done so far.

(A) advancement / account　　　　(B) forwarding / appreciation
(C) promotion / consideration　　　(D) rise / measures

4. We'll promise to provide a (　　) system in which we can appropriately comply with staffing (　　) in accordance with the construction industry law.

(A) personal distribution / standard　　(B) personal distribution / standards
(C) personnel distribution / standard　　(D) personnel distribution / standards

5. The public servants' salaries are revised every year (　　) on recommendations from the National Personnel Authority, but this year the government organization surprisingly recommended (　　) the government officials' payroll.

(A) based / reducing　　　　　　(B) found / to reduce
(C) ground / reduce　　　　　　(D) established / reducing

V 提示された日本語に合うよう、各英単語を並べ替えて、正しい英文を作りなさい。文頭など、必要な場合は、自分で考えて大文字にしなさい。また、句読点も忘れずに付けなさい。

1. 会社の業績目標に向かって貢献するために、従業員は勤務中、生産性を維持してより多くの収益が得られるように、質の高い仕事をこなすことが期待されます。

In order to contribute to the company's performance goals, (are expected / can keep up / employees / high-quality / productivity to / that they / their / to do / work so) obtain greater profits.

....

....

....

2. 仕事において従業員が創造性や革新性を持っていることは欠かせません。上司は「会社のビジョン」を実現するために、従業員たちが創造的思考を働かせているかや、ミーティングやプロジェクトで新しいアイデアを頻繁に提案しているかを、絶えずチェックすべきなのです。

注）「頻繁に」→「しばしば」と言い換える。

It is essential that employees show creativity and innovativeness in their work. (check whether / "company vision" / creative / employees / exercise / realize the / should constantly / supervisors / thinking to) or they often propose new ideas in meetings and projects.

....

....

....

....

3. 従業員は自分の仕事に責任を持ち、もしミスした場合は、すぐにそれを認め、可能な限り早くミスを修正するための最善の努力をしなければなりません。こういった行動は、時間の節約につながるだけでなく、従業員の誠実さも示すことになります。

注）長い節や句であっても、「列挙」の基本は同じであることに注意⇒ "A ~, B ~, and C ~" のようにすること。

Employees must take responsibility for their work, and if (and / best / done, / efforts to / immediately admit / make a / make the / mistake, they / should / they / they have / what) correct it as soon as possible. These actions not only save time but also show the employees' sincerity.

....

....

....

....

4. 上司や同僚、そして取引先との効果的なコミュニケーションは、どのような業界においても欠かすことができません。チームミーティングや他の会議でアイデアを明確に伝え、かつ建設的な会話をし、難解な問題についても論点を見つけ出し対処できる能力が従業員たちには求められます。

注)「求められる」→「必要とされる」と言い換える／前問と同じく、長い節や句であっても、「列挙」の基本に注意すること。

Effective communications with supervisors, colleagues, and business partners are essential in any industries. So employees (abilities / conferences, / constructive / conversations, and / convey / have / have / meetings and / other / possess / team / their ideas in / to clearly) to identify and deal with points of issues concerning difficult problems.

....

....

....

....

....

5. 上司からの勤務評定では、使用するフレーズ次第で従業員に良い影響を与えられるかどうかが決まります。効果的な業績評価を実施するにあたっては、モチベーションを高めるような建設的な方法で、管理職たちは彼らの長所と改善点について従業員たちと話し合うことが必要でしょう。

注)「～と…について話し合う」talk with ~ about …

In performance reviews from supervisors, the phrases [which] they use will determine whether they can have a positive impact on their employees. In the case of conducting effective performance appraisals, supervisors will (about their / a constructive / be / employees / improvement in / points of / required to / strengths and / such / talk / way / with their) as to increase their motivation.

....

....

....

....

....

Column 11

★「人事」関係の語句に気を付けましょう！(Column 8 も参照)

◉ **personal** と **personnel**…同じ "person"（「人」）から派生した、この 2 つの語は「似て非なる」ものです。まず、"personal" ですが、発音は [pə́ːs(ə)nəl] で、「個人の、自分の」を意味する〈形容詞〉です。一方、"personnel" は、発音は [pə̀ːsənél] で、「[1]［集合名詞］（複数扱いで)」（会社などの）全職員，社員；人材 (≒ human resources)、[2]［集合名詞］人事；人事課［部］（「一組織」と考える時には単数，構成要素を考える時には複数扱い)、[3] 人々《米》、[4]［形容詞］「人事の」という意味になります。よって、「人事課（部）」は、"personnel department" や "human resources department" になるのです。

◉「最高～責任者」…まず、"CEO (chief executive officer)"「最高経営責任者」ですが、文字通り「企業経営のトップ」という意味です。そこから、「社長」とよく混同されます。では、"CEO" とは何なのかというと、アメリカの企業統治制度にならった役職です。"president"（「社長」）が権限を持ちすぎてダメになった事例を反面教師として、その権限を分散して始まったのが、アメリカの現代的経営制度でした。それが日本の企業に導入されたのは、1991 年頃からで、バブル経済が崩壊しつつあり、その後の経済が低迷した頃でした。そして、この企業経営統治制度に倣う企業が現れ、その時に、"CEO" その他の名称も取り入れられたのです。▲次に、「社長 (president)」と "CEO" の違いを説明します。「社長」とは、「企業のトップ」を意味しますが、それは習慣的な呼び方に過ぎません。「会社法」等で定められた呼び名ではなく、習慣上の名称です。本当は、「代表取締役」と呼ぶのが正しいのです。海外では「CEO」が「社長」よりも権限が上の場合が多いのですが、日本では、「社長兼 CEO」となっていることが多く、企業によって様々です。「CEO」と「代表取締役」は、どちらも企業経営のトップであることに違いはないのですが、「代表取締役」は会社法上「最重要な肩書」で、法律に基づく「責任」や「権限」があります。「代表取締役」は 1 つの企業に、2 人以上いる場合もありますが、"CEO" は 1 人だけであることが一般的です。取締役会を設置している企業では、取締役会が代表取締役を選任しますが、CEO が法的に会社を代表するには、「代表取締役兼 CEO」でなくてはならないのです。これが、日本の「CEO」の特徴です▲次に、CEO に続く、"C- ＊ -O" と呼ばれる、いくつかの役職を見ていきましょう。…"COO": 'Chief Operating Officer'「最高執行責任者」。企業業務を統括する責任者です／"CFO": 'Chief Financial Officer'「最高財務責任者」。財務に関する業務執行を統括します／"CMO": 'Chief Marketing Officer'「最高マーケティング責任者」。マーケティング戦略を立てる部署を統括します／"CSO": 'Chief Strategy Officer'「最高戦略責任者」。企業戦略だけに集中できない CEO の補佐役／"CTO": 'Chief Technology [Technical] Officer'「最高技術責任者」。外資系企業等を中心に浸透しつつある役職です／"CHRO": 'Chief Human Resources Officer'「最高人事責任者」。人事を掌握する役職です。元々、"CPO" [Chief Personnel Officer] と呼ばれていましたが、"CPO" と略せる役職が増えたため "CHRO"（または、"CHO"）という呼び方が優勢となりました。

Unit 14
Media

★現代になくてはならないメディアについての英語

20世紀にはほぼ「テレビ」「ラジオ」「新聞・雑誌」程度しか無かったと言ってよい「(マス) メディア」ですが、21世紀の今はインターネットの発達により、様々なSNS全盛の時代となり、世界がより狭くなっていますから、TOEIC®においても、絶対に無視できないTopicとなっています！

  日本語の意味に合致するものを選びなさい。

1. broadcast	( )		・a.	印象操作
2. desktop PC	( )		・b.	コンピュータを使用する能力
3. estimate	( )		・c.	記者会見
4. laptop PC	( )		・d.	送信する、伝送する、発信する
5. manipulation of impression	( )		・e.	卓上 [机上] パソコン
6. computer literacy	( )		・f.	端末機器
7. press conference	( )		・g.	ノートパソコン★；膝載せ用携帯パソコン
8. terminal device	( )		・h.	[名詞] 放送；[動詞] 放送する
9. transmit	( )		・i.	ホームページ★、ウェブサイト
10. website	( )		・j.	[名詞] 見積り、推定；[動詞] 見積もる、推定する

★g.…「ノート・パソコン (note PC*)」ではダメだが、最近はアメリカでも "notebook PC" が正しい表現として認知されている／★i…英語本来の "homepage" の意味は「website の第1ページ目」のことである。

II 日本語訳を参考にして、適切な方の語句に○を付けなさい。

The History of the Media in Recent Years

Since the first radio broadcast began in 1920 and experimental television broadcasting in the United States started in 1928, media ① (had / have) developed dramatically and drastically. However, it was only ② (during / while) the last five years of the last century [= 20th century] that PC online reporting grew to become

---

the most powerful media in the world. In 1995, about 9 million computers were connected to the Internet, but at that time their users were mainly educated wealthy people in the United States. ③ (By / Until) the year 2000, more than 122 million computers were connected to the Internet worldwide. These viewers, as the mainstream, became keenly interested in online news. And ④ (as for / as of) 2018, the number of computers in the world is ⑤ (estimated / prophesied) to be as follows: there were about 10 billion embedded PC systems, and approximately 3.36 billion smartphones, and the number of desktop and ⑥ (laptop / note) PCs finally exceeded 2 billion in 2019. The network that began to connect computers all over the world in the 1990s explosively became widespread as a huge meshwork [= the World Wide Web] which finally covered the ⑦ (entire / general) world, and now the Internet and the huge number of computers connected to the World Wide Web support various services ⑧ (included / including) social media [SNS] as the ICT [information and communication technology] infrastructure.

(和訳)

近年におけるメディアの歴史

　1920 年にラジオの最初の放送が開始し、1928 年にアメリカでテレビ実験放送が始まって以来、メディアは飛躍的に発展を遂げてきた。だが、PC のオンライン報道が世界で最も強力なメディアへと成長を遂げたのはわずかに前世紀 [=20 世紀] の最後の 5 年の間のことであった。1995 年には約 900 万台のコンピューターがインターネットとつながったが、当時、そのユーザーは、主にアメリカ合衆国における、教養のある富裕な人々だけに過ぎなかった。2000 年までには、世界中で 1 億 2,200 万台を超える数のコンピューターがインターネットとつながった。この視聴者たちが主流となって、オンライン・ニュースに強い関心をもつようになったのである。そして、2018 年時点で世界に存在するコンピュータの台数は次のように推計されている：組み込み PC システムは約 100 億台、スマートフォンは約 33 億 6 千万台有り、デスクトップ PC とノート PC は、2019 年には遂に 20 億台を超えたとされている。――1990 年代に世界中のコンピュータ同士を繋ぎ始めたネットワークは、爆発的に普及して地球全体を覆う巨大な網目構造 (＝World Wide Web) となったが、現在ではインターネットおよびワールド・ワイド・ウェブに接続された膨大な数のコンピュータが ICT（情報通信技術）インフラとして、SNS を始めとした様々なサービスを支えているのである。

III 指示にしたがって、答えなさい。

A. 間違っている箇所に下線を引き正しい語句に書き換えなさい。2語以上になる場合もあります。

1. 私は、最近 SNS でたくさんのいじめ防止のキャンペーンが実施されているのをよく目にします。

   I have seen a lot of anti-bullying campaigns running on social medias lately.

   → (　　　　　　　　　　)

2. 最近は、新聞やテレビでなくても、ウェブ上でたくさんのニュースが見られます。

   These days, you can view many news on the web even if you don't read news-papers or watch TV.　　　　　→ (　　　　　　　　　　)

3. そろそろ床につきたいので、テレビのスイッチを切ってくださる、あなた？

   I want to go to bed soon, so would you please turn off TV, darling?

   → (　　　　　　　　　　)

4. 私は高校生の時は、よく夜遅くまでラジオを聞きながら勉強したものだ。

   When I was a high school student, I used to study until very late at night while listening to radio.　　　　　→ (　　　　　　　　　　)

5. この頃は、ウクライナ紛争のニュースをメディアで見ない日が無いので、うんざりしています。

   Nowadays there's not a day when I don't see the news of the conflict in Ukraine in the media, so I'm suffered from it.　　　→ (　　　　　　　　　　)

B. 選択肢から適切な語を1つずつ選び、必要なら正しい形にして、各カッコ内に書き入れなさい。いくつか、余分な選択肢があるので、注意しなさい。

6. 世の中に悪質なニュース（フェイクニュース）記事が多く存在するようになったのは、インターネットが始まってからではなく、かなり昔からあった筈である。

   The fact that there (　　　) been a lot of fake news (　　　) everywhere did (　　　) begin with the Internet, (　　　) started long ago.

7. 「新聞は死んだ」と言う運命論者の主張は間違っていると証明しようとどんなに躍起になろうとも、新聞は、インターネットに対してもはや対抗しようがなくなっている。

   No (　　　) (　　　) hard you try to (　　　) that the fatalist's claim that "newspapers are already dead" is (　　　), newspapers are no longer able to (　　　) with the Internet.

8. SNS（ソーシャル・ネットワーキング・サービス）とは、Web 上で人々に社会的ネットワークの構築を可能にしてくれるサービスのことです。英語圏では "SNS" という頭文字語は日常の会話であまり用いられず、"social media" などと呼ばれることが多い。

SNS [social networking service] means services that (　　　　) people (　　) construct social networks on the Web. In the English-speaking (　　　　　), the (　　　　) word "SNS" is not often used in (　　　　　) conversation, and is often (　　　　) to as "social media.

6~8 choices　able / also / but / compete / complete / enable / everyday / every day / have / how / initial / matter / not / only / prove / prefer / refer / region / story / to / wrong

9. iPhone は、携帯電話と 2007 年当時の最新型 iPod の機能とが統合された端末機器として誕生したスマートフォンの一種ですが、その名称は、アップル社製の携帯オーディオ機器 iPod を引き継いだものでした。

The iPhone is a (　　　　) of smartphone that was born in 2007 as a terminal device, into which a mobile phone and the functions of the latest model of iPod at the time (　　　) (　　　　　), and its name was a (　　　　　) to the iPod, a portable audio equipment (　　　　) by Apple, Inc.

10. Apple 社の当時の CEO（最高経営責任者）であった、故スティーブ・ジョブズは、iPhone を「タッチ操作によるワイドスクリーンの iPod」、「携帯電話」、「インターネット・コミュニケーション・デバイス」の３つを一体化させた端末であると描写した。

The (　　) Steve Jobs, who was (　　　) CEO of Apple, Inc., (　　　　　) the iPhone as a terminal apparatus that (　　　　　) "the iPod with a wide screen (　　　　) by a touch panel," "a mobile phone," and "an Internet communication (　　　　)."

9~10 choices　be / combine / death / describe / device / inscribe / integrate / late / operate / produce / product / rate / succession / successor / then / type

IV 文法的に正しいものを４つのうちから、各々１つずつ選びなさい。

1. Please (   ) that the registration information of the smartphone also (   ) the user's positional data.

(A) be advised / is contained   (B) agree / are included

(C) note / includes   (D) notice / contains

2. The word "mass communication" represents an "information transmission activity" itself, (   ) the term "mass media" refers to the media that publish (   ).

(A) against / an information   (B) contrary to / informations

(C) on the other hand / information   (D) while / information

3. New models of the iPhone have been consistently (   ) from the time when it was first developed until the present, which was an opportunity to (   ) a paradigm shift of mobile phones from feature phones to smartphones.

(A) published / arise   (B) released / cause

(C) selling / happen   (D) sold / occur

4. Media literacy (   ) to the ability to understand the functions of mass media and to independently utilize information, in which you are also required to communicate interactively with communications partners (   ) the media.

(A) is / by way of   (B) means / lead   (C) prefers / over   (D) refers / through

5. "All the news that is fit to print" was once the slogan for those (   ) in newspapers, but now that more and more online sources instantly reports events (   ) around the world every day, print media such as newspapers and magazines are in a crisis.

(A) involved / occurring   (B) involved / occurred

(C) involving / occurring   (D) to involve / occurred

V 提示された日本語に合うよう、各英単語を並べ替えて、正しい英文を作りなさい。文頭など、必要な場合は、自分で考えて大文字にしなさい。また、句読点も忘れずに付けなさい。

1. その選挙での自民党の敗北は、いくつかの野党による捏造（印象操作）によるものだったと指摘する評論家もいる。

Some critics (by / defeat / due / election was / evidence fabrication / in the / some opposition / out that / pointed / the LDP's / to the) parties.

注）「自民党」the LDP (＝ the Liberal Democratic Party)

....

....

2. 原則、マスメディアと言う用語は、報道陣が情報を公表するときに使われる紙媒体か放送媒体のことを指し、新聞、雑誌、テレビ、ラジオ、インターネットなどが、それに含まれる。

In principle, the term "mass media" (broadcasting media / corps to / information, including / or / print / publish / refers / the press / to the / used by) newspapers, magazines, television, radio, the Internet, and others.

注）「報道陣」the press corps ／「紙媒体か放送媒体」print or broadcasting media

....

....

....

3. 「偏向報道」とは、本来、テレビ局・新聞社・雑誌等の報道機関は中立であるべきなのに、特定の集団や団体だけを擁護して、彼らの有利になるような印象を与えることによる偏った報道姿勢を意味する。

注）「偏向した」biased ／「偏った、偏見のある」prejudiced ／「報道姿勢」→「報道機関の態度」と言い換えよ。

"Biased news reporting" means (as TV / attitude of / magazines, and / outlets, such / news media / only support / others, which / stations, newspapers, / the prejudiced) certain groups or organizations by presenting impressions to gain their own advantage, although such news media originally should be neutral.

....

....

....

....

4. 日本語の「マスゴミ」とは、ネットスラングの一種で、マスコミとゴミの混成語だが、テレビ・新聞・雑誌等のマスコミを批判的に表現する際に用いられる蔑称である。つまり、それらは「ゴミ同然」と侮辱されているわけなのである。

注）「混成語」a hybrid word ／「蔑称（＝軽蔑的な言葉）」a derogatory term ／「マスコミ」→ここでは、「報道陣」と言い換えよ

"Mass gomi" meaning "mass 'garbage' media" in Japanese is a kind of Internet slang or a hybrid word (composed / corps / critically describe / derogatory term / 'garbage,' which / is a / media' and / of 'mass / the press / used to) such as reporters from TV stations, newspapers, and magazines. In other words, they are criticized as being no better than "garbage."

....

....

....

....

....

5. 日本各地で相次いだ特殊詐欺グループによる強盗事件は我々の社会に大きな衝撃を与えました。ニュースによると、犯行グループのリーダーは海外から指示を与え、ターゲットの自宅に乗り込み、暴力を振るい、金品を強奪したということです。

注）「海外から」from overseas ／「列挙」を行う場合、"A, B, C, … , and Z" のように、英語の場合、日本語の「〜や、〜や…」に当たる and や or は、原則、1つしか使えない。これは、「節」の場合も同じである／「〜を…から強奪する」"rob…of 〜"（「〜を奪う」を表す英単語は、『奪却の of』という〈前置詞〉を後に用い、「…から」に当たる箇所は "from …" とは異なるので注意。of の前後の語順に注意せよ！）

A series of robberies by special fraud groups in various areas of Japan greatly shocked our society. According to the news, the leader of the criminal group (and / beat / houses, / instructions from / money / overseas, entered / provided / robbed / the residents, / their targets' / them of) and valuable goods.

....

....

....

....

Column 12

★まず、裏話を中心に "media" に関する学習のきっかけを掴みましょう！

◉ 日本語で「メール」と呼んでいる「E メール（電子メール）」ですが、やはり当初、固有名詞だった関係もあり、"Electronic mail (E-mail)" だったものが→ "electronic mail" (e-mail) になり、最近では、ハイフンも取れて "email" と表記するのが主流となっています。一方、「インターネット」に関しては、なぜか、未だにあまり表記の変更が見られず、the を付けたまま「大文字」で始まる "the Internet" と表記するのが普通です。それでも、「固有名詞」→「普通名詞」への流れは止められないでしょうから、ごく最近では、"the internet" のように語頭を「小文字」で表す「書き方」をチラホラ見かけるようになっています。

◉ 日本の「マスコミ」という表記について…「マスコミ」という言葉は、元々、"mass communication" の略語で、「（新聞・放送等による情報やデータの）大量［大衆］伝達」という意味でした。"communication" という言葉自体が、元々、「（意志）伝達、通信、交信」という意味ですし、複数形で使って、やっと「（ラジオ・テレビ・新聞等の）報道機関」という意味にしかならないのです。なので、実は、「マスコミ」よりも「マスメディア」と言ったほうが、より正確なのは明らかです。しかし、確かに、"mass media" が最も正確だとしても、いざ英文内でその言葉を使おうとすると、同語句の首尾範囲がとても広いので、どう使えば一番しっくりくるのか、またはそのまま使ってよいかよく分からず、非常に苦労させられることになります。"media" という語は、元々、"medium"（「媒介物、仲介物」）という単語の複数形であり、そこから「（伝達・通信・表現などの）媒体、機関、手段」という意味を得たのです▲また、「報道」に相当する英単語の数も多く、それらの使い方も様々なため、非常に厄介です。ざっと挙げるだけでも、coverage（「取材」の意味もあり）、news（新聞やテレビの報道）、news report、press report（press という単語自体、〈集合名詞〉として「出版物、新聞、雑誌；記者団、報道陣」等の意味があります）、press story、report（新聞や放送の報道）、reportage（「ルポルタージュ」［元々、フランス語で「新聞・雑誌・放送等での現地からの報告」の意味］）、reporting、そして更に簡単に、"news," "information" という〈不可算名詞〉の代表格の単語も使われます。ちなみに、data（「データ」）という単語は、元々、"datum" の複数形だったものが独り歩きして、遂には〈不可算名詞〉として使われるまでになったのです。

◉ **mail と email**…日本人は「昨日、メールを打ったよ」という言い方をしますが、これを英語でそのまま使うと痛い目に遭います（著者の私自身、経験有り！（笑））。実は、"mail" は、通常、〈不可算名詞〉で「（手紙や小包などの）郵便物」という意味です（なので、"You've got mail." 「あなたに郵便ですよ」と、mail の前に a を付けなくても問題ないのです）。また、「郵便物」は相手に届くのが遅いため、"email" と区別して、"snail mail"（「かたつむりのように遅い発信物 (= "s-mail")」）と言うこともあります。更に、〈動詞〉として「郵便物を出す、郵送する」の意味もあり、"mail" は原則、"email" とは関係ないのです。逆に、"email" の方は、元々「電子化した郵便（物）」("electronic mail") の意味ですので、「メール」ではなく、我々は、本当は日本語でもきちんと「E メール」と言わなくてはならなかったのです。ちなみに、"email" もそのまま〈動詞〉として使えます。"I'll email you soon."（「あなたにすぐメールするね」）も正しい表現です。

Unit 15
Review 3 (Unit 11–14)
※以下の問題を解いて自分の理解度を確認してください。

/50

I. (二択問題)

正しい方を一つずつ選び、○をつけなさい。(2′× 5)

1. 人件費を抑制しないと、御社の業績は更に悪くなるでしょう。

   If (personal / personnel) expenses aren't reduced, your firm's performance will decline further.

2. 彼女の息子は、最近、彼の勤めている会社の海外支社へ転勤することになった。

   Her son has recently been transferred to an (abroad / overseas) branch of his company.

3. この頃は、会社員は土曜日には会社に出勤しない。

   Nowadays, business employees usually do not go to the (company / office) on Saturdays.

4. 文学部に所属している山田教授の研究室は6階にあります。

   The office of Professor Yamada, who (belonging / belongs) to the Department of Literature, is located on the 6th floor.

5. 女性を管理職に積極的に登用することは、日本の将来の課題の一つであろう。

   To actively promote women to managerial positions may be one of the challenges (facing / faced) Japan in the future.

II. (穴埋め問題)

選択肢から適切な語を1つずつ選び、必要なら正しい形にして、各カッコ内に書き入れなさい。正答は2語以上になるときもあります。同じ語を複数回使っても構いません。また、いくつか、余分な選択肢があるので、注意しなさい。(1′× 11)

1. ただ今担当部署にお電話をお回ししますので、少々お待ちください。

   I'll (   ) you (   ) to the department in (   ) now, so please wait a moment.

2. 1つお願いしてもいいかな？明日までにこのオフィスの棚卸しをしなくてはならないので、君にそれを手伝ってほしいんだよ。

   Can I ask a favor (   ) you? Because we need to do (   ) for this office (   ) tomorrow, I'd like you to help us (   ) that.

3. 御社のエアコンをより良いものに取り替えれば、年間の光熱費は、驚くほど安くなりますよ。

If the air conditioner of your office is (   ) with a better one, the annual
(   ) (   ) of your company will be surprisingly (   ).

> **Choices** by / until / change / charge / cheap / cost / an inventory / inventory /
> low / of / to / put / set / replace / thought / through / thorough / utility / with

III. （語句訂正問題）
間違っている箇所に下線を引き正しい語句に書き換えなさい。正答は1問につき2語以
上にわたる場合があります。(2′× 5)

1. 私は、彼に天下り先を紹介しました
   I introduced him a post-retirement plum job.   → (   )

2. 私の父は定年までサラリーマンとして働いていました。
   My father worked as a salaried worker up until the time he resigned. → (   )

3. その女性社員は、会社でいつも書類業務に追われています。
   That female employee is always very busy to do a lot of paperwork in the office.
   → (   )

4. 我が社の人事部長は、今年、たくさんの就職志願者の面接をしました。
   Our personnel manager conducted interviews with many job applicants in this
   year.   → (   )

5. 社員が自由に使える多目的スペースをオフィス内に作ろうとしている会社が増えていま
   す。
   An increasing number of company are trying to create multi-purpose spaces in
   their offices which employees can use freely.   → (   )

IV. （四択問題）
カッコ内に入れるのに最も適切な語を、各々4つのうちから選びなさい。(2′× 5)

1. The branch office manager (   ) the door, but he hasn't come to the office (   ).
   (A) should already open / neither   (B) should have already opened / either
   (C) should already open / also   (D) should have already opened / too

2. No matter (   ) hard you try to prove that the fatalist's claim is wrong, news-
   papers can no longer (   ) with the Internet.
   (A) how / against   (B) how / compete   (C) what / beat   (D) what / defeat

3. The staff in charge of personnel affairs are always racking their brains because
   they have to employ (   ) talented (   ) possible.

(A) as many / people as (B) as many / as human resources
(C) many as / people as (D) many as / as human resources

4. In order for our company to increase our business (   ) from now on, we need to actively select and employ talented (   ) from other companies.
(A) achieves / officers (B) archives / employers
(C) performance / employees (D) worths / walkers

5. During job interviews, the interviewer will (   ) take a high-handed attitude towards interviwees or ask them some mean questions, (   ) called a "stress interview."
(A) hardly / that are (B) rarely / that is
(C) seldom / which are (D) sometimes / which is

V. 提示された日本語に合うよう、各英単語を並べ替えて、正しい英文を作りなさい。文頭など、必要な場合は、自分で考えて大文字にしなさい。また、句読点も忘れずに付けなさい。(3'×3)

1. 椿 女史は、外資系の大手化粧品会社に経理部長として、高額の給与で引き抜かれました。
Ms. Tsubaki was (accounting / by / company as an / foreign-affiliated cosmetics / headhunted / a high / a major / manager with) salary.

....

....

2. 社会に偏見や差別がまだあるので、報道により当事者が苦しむこともあるのです。
The people (affected / by the / discrimination / exist in / mass / may also / media's coverage / prejudice and / suffer because / society / still / .)

....

....

3. 事務所探しなら仲介手数料無料の弊社の「金鉄オフィス検索」が便利ですよ、それはきっとお客様のニーズに沿えることと存じます。
If you are looking for an office, our "Kintetsu Office Search" (and / definitely meet / fee, / is convenient, has / needs / no brokerage / will / your / .)

....

....

Strategic Writing Practice with
the TOEIC® L&R Test Topics
TOEIC®頻出トピックで学ぶライティング

編著者	浦 部 尚 志	
発行者	山 口 隆 史	

発 行 所　㈱音羽書房鶴見書店

〒113-0033　東京都文京区本郷 3-26-13
TEL 03-3814-0491
FAX 03-3814-9250
URL: https://www.otowatsurumi.com
e-mail: info@otowatsurumi.com

2024 年 3 月 1 日　　初版発行
2024 年 3 月 15 日　　2 刷発行

英文校閲　ジェームス・バーダマン
組版　ほんのしろ
装幀　謝 暄慧（オセロ）
印刷・製本　シナノ パブリッシング プレス　EC-077
■ 落丁・乱丁本はお取り替えいたします。